汇学杯

汇志铸魂

传承红色基因深化理想信念教育征文

刘晓艳 主编

光明日报出版社

图书在版编目（CIP）数据

汇志铸魂：汇学杯·传承红色基因深化理想信念教
育征文／刘晓艳主编．－－北京：光明日报出版社，
2020.5

ISBN 978－7－5194－5794－5

Ⅰ.①汇⋯ Ⅱ.①刘⋯ Ⅲ.①中小学—德育工作—上
海—文集 Ⅳ.①G631－53

中国版本图书馆 CIP 数据核字（2020）第 097084 号

汇志铸魂：汇学杯·传承红色基因深化理想信念教育征文
HUIZHI ZHUHUN：HUIXUEBEI·CHUANCHENG HONGSE JIYIN SHENHUA
LIXIANG XINNIAN JIAOYU ZHENGWEN

主　　编：刘晓艳

责任编辑：刘兴华　　　　　　　责任校对：刘舒婷
封面设计：中联学林　　　　　　责任印制：曹　净

出版发行：光明日报出版社
地　　址：北京市西城区永安路 106 号，100050
电　　话：010－63139890（咨询），010－63131930（邮购）
传　　真：010－63131930
网　　址：http://book.gmw.cn
E － mail：liuxinghua@gmw.cn
法律顾问：北京德恒律师事务所龚柳方律师

印　　刷：三河市华东印刷有限公司
装　　订：三河市华东印刷有限公司
本书如有破损、缺页、装订错误，请与本社联系调换，电话：010－63131930

开　　本：170mm×240mm
字　　数：211 千字　　　　　印　　张：16
版　　次：2020 年 5 月第 1 版　　印　　次：2020 年 5 月第 1 次印刷
书　　号：ISBN 978－7－5194－5794－5
定　　价：65.00 元

前　言

习总书记在党的十九大报告中指出："青年兴则国家兴，青年强则国家强。青年一代有理想、有本领、有担当，国家就有前途，民族就有希望。""要落实立德树人根本任务。"而实现这一重大使命，学校教育工作者责无旁贷、任重道远。

去年以来，上海市高中德育管理专委会积极贯彻党的十九大精神，就"发扬红色传统、传承红色基因"这一专题，先后在徐汇中学、长征中学、市八中学、风华中学举办了专场研讨、展示等交流活动，受到了媒体的关注，在社会上产生了良好的反响。集其成果、汇编成册，分享经验，以供借鉴。

一、对学校开展红色主题教育的必要性认识。

红色基因传承是"不忘初心，牢记使命"的思想基础，是实现民族复兴、强国之梦的指路航标，是新长征路上激励我们攻坚克难的精神支柱，是中华民族优秀文化的重要构成。红色基因传承也是国家教育部在《中小学德育工作指南》中规定的重要教育内容。

思想政治教育是学校德育的灵魂，道德品质教育是学校德育的基础，两者是相辅相成、互动共进的，而不应是相互分离、相背相斥的。中国知识分子历来把"格物致知、正心诚意、修身齐家、治国平天下"作为自己的理想抱负，把个人的求知、养性与为国利民的远大志向紧密结合起来，这种家国一体的人文情怀是我国德育的优良传统，没有"去政治化"的学校德育，实际上也是不存在的。

二、不断提高开展红色主题教育的针对性和实效性。

红色主题教育要看天气，还需接地气，更要有人气。红色主题教育要与国家、社会对多样化和创新型人才培养的需求结合，要与青少年在不同阶段的身心发展与认识发展需求结合，要与德育课程与课程德育的改革探索结合，还要与各校的历史传统、办学特色结合。不断创新红色主题教育的形式和方法，帮助学生在研学、考察、经历的亲身体验中，实现认知、情感、态度、行为的知行合一，趋向价值观的认同，从而努力提高这一教育的针对性和实效性。

三、红色主题教育需要学校的整体规划与顶层设计。

文集汇编了十五所学校 31 篇材料。红色主题教育从实施者看，有学校领导、班主任、团队干部、德育主任、学科教师乃至社会、家长的兼职工作者；从实施内容看，有红色之旅、长征之路、对口扶贫、校史人物、党史考察等；从实施方式看，有主题班会、纪念仪式、撰写报告、论坛演讲、摄影视频、文艺表演等；从实施成果看，有活动设计、备课教案、活动体会、经验总结等。这些材料具体、生动，可操作，可借鉴，凝聚了教育同人们的心血、勇气、精神和赤诚之心。在它的背后，我们看到的是学校对红色主题教育的整体规划和设计。它来自学校对各方资源的整合、形成合力，它来自教研组与年级组的条块结合，学科融入，从而形成规范化的管理运行机制，构建起学校、家庭、社会一体化的德育格局。

我们希望这本文集的发行是实现中华民族伟大复兴的新长征路上学校德育工作创新的新起点，希望能持之以恒、久久为功，产生更多更好的经验、案例，为大家提供示范与借鉴。

上海市中小学德育研究协会会长

姚家群

2019 年 6 月 15 日

目 录
CONTENTS

传承红色基因，续注校史文化 ……………………………… 苏浩洞 1

基于数字化平台的德育特色班建设的实践探索 ……………… 徐蕙 6

巧引长征精神推动学校共青团、少先队建设一体化发展 …… 宗俐瑶 13

优化活动过程 整合教育资源
　　——增强"红色之旅"教育实效性的实践与思考 ……… 金嫱 17

走"长征路" 践行"长征精神" ………………………… 范晓岚 24

大孩子 小主任 小智慧 大艺术
　　——班主任实践中的小智慧 ………………………… 杨芳 28

软硬兼施，多元智能
　　——走班制下民主型班集体建设之初探 ……………… 杨芳 34

带刺的玫瑰，易伤的青春 ………………………………… 杨芳 41

殷 夫
　　——民立的一个独特符号 ……… 上海市民立中学德育团队 47

体验写真史知史修内涵
　　——记传承红色血脉的"公民写史"活动 …………… 王敏皓 55

让红色基因扎根心底，用红色文化"团"起青年
　　——新时代背景下团委工作的思考与尝试 ………… 朱思蓉 61

助力偶像生成，担荷时代使命

　　——男生班特色课程《偶像生成》学习领域育人案例 …… 李群华　71

红色的起点

　　——"学党史，感党恩，树信念"社会实践活动设计案例 ………

　　………………………………………………………… 蔡伟昊　78

书信式阅读促进师生交流 ……………………………… 李　莉　84

以我们的方式走进红色经典

　　——上海市第八中学班级读书活动掠影 ……………… 郑丽萍　89

现代公民养成记

　　——上海市第八中学男生班公民教育实践 …………… 罗佩晔　95

红色基因融入高中德育实践探索 ……………………… 沈　澜　102

做更好的自己

　　——让红色基因融入市十学子的文化底色 …………… 朱莲萍　109

艺术有信仰　青春有担当

　　——上戏附中红色基因融入高中生文化底色经验总结 …… 朱星月　123

寻找生命的色彩　感悟红色基因

　　——上大市北附中江西红色之旅研学活动方案 ………… 孟晓玮　131

凝聚青年　引领未来

　　——高中学生党建工作的实践与思考 ………………… 何　敏　145

传承红色基因，植根文化底蕴

红色线路开辟第二课堂 …………………………………… 李　伊　155

融入红色基因和教育精准扶贫的

综合社会实践活动探索 …………………………………… 曹令先　161

传承红色基因　打造红色学校

　　——上海徐汇中学构建"红色文化"教育体系 ………… 顾卫君　181

传承百年"汇学"中的红色基因 ……………………… 施如怡　195

徐汇中学传承红色基推动国防教育的深入开展 ……… 邓玉琴　200

文明礼仪教育中"传统"与"现代"的正确分析引导初探······ 张 溯 205

运用校史对学生进行理想信念教育应注意的若干问题 ··········· 王 剑 213

先"行"后"知"

    ——将红色基因融入高中生文化底色的工作思考 ··········· 邵 懿 223

新时期中小学生理想信念培育的思考和实践 ·········· 金 琪 向燕妮 230

信念恒久远,价值长流传

    ——基于高中生现实困惑的理想信念教育 ····················· 蒋凌雪 236

传承红色基因，续注校史文化

上海市储能中学　苏浩洞

党的十九大以来，习近平总书记多次强调，红色文化是我们党在革命、建设和改革中形成的宝贵精神财富，要把红色资源利用好、把红色传统发扬好、把红色基因传承好。

在储能中学，"红色基因"仿佛是与生俱来，并在几十年的发展中"润物细无声"般地影响着一届又一届的学生。储能中学的红色校史已经成为校园文化建设的一个重要组成部分，是对学生开展理想信念教育得天独厚的校本教育资源，也是一门重要的学校课程。面对学校新时期的发展，储能中学持续开展对红色校史文化的理性发掘、整理、总结和提炼，注重继承并根据时代特点持续注入新的内涵，让今天的储能人重温那厚重的历史，激发新储能人的爱国情怀和民族自豪感。

一、注重红色校史文化的发掘和提炼

校史是储能中学发展的足迹，是学校长期建设孕育的精神财富，对全校师生有着巨大的历史穿透力和无形的教育力量。

储能中学诞生于战火纷飞的抗日战争年代，其前身是宁波效实中学上海分校。"储能"两字渊源于名著《天演论》"储能也，效实也，合而言之天演也"一语。抗日烽火与解放战争的硝烟赋予学校特殊的历史积淀和文化底蕴，并使学校以"民主革命堡垒，爱国志士摇篮"享誉沪上。1989 年学校被命名为"上海市青少年爱国主义教育基地"，1999年被命名为"黄浦区爱国主义教育基地"。2012年学校被命名为区实验性示范性高中，学校辉煌的校史翻开了崭新的一页。

作为一所富有红色历史底蕴和文化内涵的学校，从这里走出了一大批宿儒名流。其中，有著名教育家段力佩先生，他是1945年至1948年储能中学的校长，在新中国的教育理论方面有着独到的见解和地位；有著名文学理论家、评论家王元化先生，他曾经参加了"一二·九"学生运动，并加入"民族解放先锋队"；有曾任上海市教育局副局长，中共上海市委宣传部副部长马飞海先生；有著名教育家叶圣陶先生，他在储能中学任教期间曾经写下了不少散文小说诗词，从不同角度揭露了旧社会的黑暗和人民的悲惨生活，歌颂了在民族解放斗争中坚强不屈的普通群众；还有鲁迅的弟弟，周建人先生也曾任教于储能，至今学校还留有当时周建人先生赠予我校学生书籍，众多学生在窗口围观的照片场景。正是在这些"储能"爱国进步人士的精神感召下，学校在抗战和解放战争期间，先后有40多名师生奔赴革命根据地，其中8名学生壮烈牺牲。而在"储能"学校校区内，"储能"学生同样在中共地下党坚强领导下组成了"一六"学会，组织开展了对于国民党反动派的不懈斗争。当时"储能"校园曾流行这样一句话"校外是国统区，校内是解放区"，体现了当年"储能人"高涨的爱国热情和为民族独立解放的家国情怀。

可以说，在储能中学70多年的发展进程中，自始至终以红色文化贯穿于学校历史的全过程，爱国主义精神已经成为学校文化的主流价值，并造就了学校办学的三个境界：一是山河破碎，抗击外辱，师生以"教育救国"；二是落后贫困，百废待兴，师生以"教育兴国"；三是发展经济，圆梦强国，师生以"教育强国"。储能中学的历任领导和师生都十分珍惜学校特有的爱国历史和传统文化，在2006年原储能中学和六十二中学"撤二建一"之后，新储能中学在原有的"红色传统"文化基础上进一步提出了"知行精进，储能效实"的办学理念。

二、力行红色校史文化的传播和弘扬

如今储能中学旨在传承与发展、改革与创新的结合中，赋予学校红色历史鲜活的时代内涵，提炼和勾勒出蕴含"储能"红色精神特点的信念、道德和作风，引领学校的新发展。

为此，学校将红色校史教育作为主线，探索红色文化与主题教育活动、研究性学习、社会实践的有机整合，构建出一个以传承红色基因、体现学校历史文化为特征的校本德育课程体系。红色校本课程体系已经成为学校弘扬爱国主义传统和民族精神的长期发展的稳定的序列主题。

1. 学储能校史，感悟文化精神

学校展开了多渠道、多途径的校史学习活动，注重爱国主义教育基地辐射和宣传作用。其一，每年向社会免费开放校史纪念室，让区域内更多的市民和中小学生了解储能中学当年这一段充满激情的峥嵘岁月；利用完中优势大手牵小手，依托丰富的校史资源，组织初高中学生讲解员，通过学生讲解的形式，带动更多的同学加入讲解员行列中，近三年学校共接待青少年及社会人士参观近 5000 人次；深入挖掘校史内涵，利用学校特有的红色教育资源，开发了德育校本讲义《走进储能》，将储能中学历史教育转换为每一位学生必修的校本课程。其二，每年组织新生参观校史纪念馆，把参观校史纪念馆作为新生入学的第一堂人生课。其三，每年清明或"一二·九"主题纪念活动前夕，学校都组织学生在烈士群雕前举行烈士祭扫和献花仪式，并邀请离休革命校友做爱国主义精神教育的主题发言，以仪式教育来缅怀当年的革命先烈，学习储能中学的红色历史。

此外，学校还利用家长作为学校平台，开展家校共建活动，其中利用丰富的校史资源，向广大家长宣传学校历史，培养家长对于学校的认同感，加大家校教育合力。

2. 觅红色足迹，重温峥嵘岁月

70 多年前，曾在储能中学执教的叶圣陶老先生曾为学校谱写校歌，歌中唱到:"我们合群起来,就是无比的大能,要为建设新中国,民主的新中国贡献我们的大能。"如今,老一辈的革命校友逐渐故去,他们的事迹不能仅仅成为校史纪念室中简单的文字介绍,更应该植根在每一个储能学子的心里。

为了大力传承弘扬红色校史、营造红色文化的浓厚氛围,储能中学的师生每年都会定期开展"红色寻根"的三个一活动,主要包括:一次红色之旅考察的系列寻访、一篇爱国志士华章的校史挖掘、一段历史岁月回眸的视频记录。其中,访人:寻访 20 世纪 40 年代执教"储能"的宿儒名流后代、奔赴前线壮烈牺牲的烈士家属、20 世纪 50 年代初期南下服务团的革命校友、新中国建设时期优秀储能校友;访物,寻访民主革命堡垒时期的遗物、遗址,重点前往浙江四鸣山林舜钦烈士等墓地;访事,前往上海市档案馆、黄浦区档案馆,储能中学姐妹校宁波效实中学等地寻找当年的历史,再通过视频、图片、文字等再现当年储能催人奋进的历史。"踏着民主革命堡垒的足迹",储能师生在寻访,这是一个"寻根"的过程,让烈士的事迹鲜活起来,让当年的"民主堡垒"再现。

此外,红色寻访和学校德育特色班的创建过程中有机结合,试点班通过班级环境布置、开设学校红色历史的拓展课、实地开展红色探究调研等形式进行特色班创建,带动更多的班级参与其中。

3. 展师生风采,凝练爱国精神

针对高中学生特点,学校利用升旗仪式、影视、书刊、讲座、参观、主题班会等多种形式,为学生提供丰富多彩的爱国主义教育素材,对学生进行中华民族优秀文化传统、中国国情等教育。

为迎接建国 68 周年,学校在原储能中学校址上隆重举行"红土育新人,青春谱华章"爱国主义精神世代传扬系列活动暨纪念建国 68 周年主题教育现场会,储能中学师生通过"忆往昔峥嵘岁月""看今朝蓬勃少年""抒明日强国之志"三个篇章,用纪录片、话剧、诗歌朗诵、武术操、歌曲等形式,展现"储能人"依托本校爱国主义教育基地资源,挖掘"民主革命堡全"的感人事迹，再现储能催人奋进的历史岁月。通过这场主题教育，让新时代"爱国精神"融入储能的血脉，不断传承、发扬。储能中学始终培养着一种气质，即"承担责任，厚德报国"，储能师生用自己的才智与担当为社会主义现代化建设贡献了"大能"。

当前，我们在学校工作中经常遇到在育人目标上遭遇个别媒体或家长绑架的现象，甚至出现不自觉地过分迎合功利目标等问题。这时候，急功近利、分数至上常常成为学校的最终追求，家庭目标代替国家目标、学校目标成为一些学校的选择，全面落实党的教育方针仅仅成为空洞的口号。应该承认，一个时期内，我们在如何用共产主义远大理想引领人民群众方面，确实心存迷茫，很难找到一个切入点。今天，习近平总书记智慧地把共产主义远大理想、中国特色社会主义共同理想用社会主义核心价值观贯彻，使之成为一个同心圆，非常策略地解决了这个难题。

所以，我们认为强调学习和践行红色校史的背后，其实是培育和践行社会主义核心价值观。习近平总书记非常重视核心价值观的培育，从党的十九大报告里，我们可以得到更加清晰的答案。报告提出，文化自信是一个国家、一个民族发展中更基本、更深沉、更持久的力量。必须坚持马克思主义，牢固树立共产主义远大理想和中国特色社会主义共同理想，培育和践行社会主义核心价值观。

所以，在蓬勃奋进的新时代，储能中学将继续把红色校史利用好、把红色传统发扬好、把红色基因传承好，让红色基因真正内化于心、外化于行，这是储能永恒的教育主题，"储能人"责无旁贷。

基于数字化平台的德育特色班建设的实践探索

上海市储能中学　徐　蕙

一、德育特色班创建背景

几年前，学校提出各班创建"德育特色班"的目标之后，在网上开辟了"德育特色班"专栏，每个班级的创建过程都可以在网上呈现。做班主任也已经十几个年头了，德育工作天天做，但这个"德育特色"又是什么新玩意儿呢？经过培训，我知道了。德育特色班要求各班自愿申报，申报的特色名称和创建目标由各班根据班主任自身特长，结合本班集体在日常管理或活动中形成的优势内容，经全体学生讨论确定，保证全班学生知晓并愿意积极参与。而后各班认真制订创建计划并填写申报表格上传，提请学校审批。创建德育特色班级旨在让班集体在某一方面有一个专注的发展，大家可以为了共同的目标而奋斗，产生积极向上的力量，从而使学生自觉约束自己的行为，发挥每个人的个性潜能，促进学生在特色班级创建过程中的自我管理、自主创新、自我发展、自我实现。

那时，我刚好接手了新一届的预备班，正担任班主任工作。刚开学的两星期里，我发现班级里的学习气氛一直不太理想，不仅课间吵吵闹闹静不了心，上课时会主动举手发言、积极动脑思考的人也是少之又少，早读课、自修课大家更是无所事事，浪费时间。学生们不爱学习，不会学习，成绩得不到提高，班风涣散，这样的现实摆在眼前，真是令人一筹莫展！该如何转变学生被动消极的学习态度？该如何用一种他们乐于接受的方法去教会他们体会学习的乐趣？该如何营造出班级中积极团结的氛围？思前想后，我觉得可以尝试着从班级特色建设这一切入口着手，针对问题，寻找方法，改变现状。而后认真制订创建计划并填写申报表格，提请学校审批。

二、德育特色班创建基础

个性化班级特色建设的前提条件，教育者要充分了解被教育者的客观情况才能有的放矢，才能开展有序有效的教育行为。面对班级里混乱无序的学习状态，我先从校园网的学生档案中找到并下载了全班学生的"个人学习档案"，逐个仔细分析了 24 位学生的学习基本情况、精神风貌以及个性特色，并通过个人档案查看、与学生沟通了解、向家长征询意见等多个途径分析他们的缺失点以及猜测他们可能会感兴趣的班级文化热点。

这是一个学习基础中等偏上的班级，学生个体的学习习惯良好，有 11 人有在小学阶段担任班级或学校学生干部的经历，有 17 人约有五种课外兴趣爱好。但进入初中学习伊始，由于同伴的改变，环境的陌生，学习内容和学习压力的增加，学生们一时无法适应，缺失方法，迷失方向。

我打算针对上述现状，创建"自主学习特色班"，以带动班级发展。

三、德育特色班创建目标

我把班级个性特色建设的目标初定为：第一，以学生为中心，班主任为引导，建设"自主学习"的班级特色；第二，建设个性化学习自主体系，促进主动学习、有效进步的班风的形成；第三，运用同伴互助的方法提高每个学生的学习能力和互帮互助的合作积极性和创新性，提升班集体凝聚力。我把这三个初定目标写在了申报表格中并上传校园网，等待其他班主任的意见和德育领导的审阅和回复。不到两天的时间，就有了意想不到的热烈回复，许多班主任留言说："这真是个好办法！""我也想尝试看看"……而领导的回复是："求索之路坎坷，祝你成功!"这些鼓励无异于一个个强力助推器，我的勇气和信心一下子增强了，摩拳擦掌准备放手一搏!

13—14 岁的初中预备班学生正处于人格树立、习惯养成的关键期，此时的他们有独特的个性，有自己的思维模式，他们渴望自主选择，渴望同伴友情。建设学习自动化班级特色不是为了作秀，更不是为了展现教育者的个人才华，而是为了学生的可持续发展。

四、德育特色班创建方法、步骤及策略

我将班级特色建设渗透进每一天的日常教学过程中，渗透进每一次的各种教学活动中，从学生自主选择组成学习小队，制定各自的学习目标到班级早读、自修的自主管理；从个性化的班级布置到开展个性化班级主题活动，积极倡导"我的学习我做主"这一个性理念的日常化和人人化。

第一，学习小队个性化。学生可以根据个人成绩、彼此的爱好和共同的学习目标来自由组建学习小队，平均四人一队，分六个小队。每个学习小队决定自己的小队名称，设计小队图标，自行讨论安排定期的学习活动，制定小队的总学习目标和分期个人目标，以及每位队员学习情况跟踪反馈表。把以上内容制作成富有个性的小队电子文档上传至校园网的"德育特色班创建活动展示"下拉菜单中的"团队活动"一栏里，并标注好日期，要求各个小队在接下来的学习活动中随时记录、随时更新，随时自查。这一举动旨在让学生明白在学习伙伴、竞争对手，目标确定等方面应该由自己来选择，这样能更好地做到学习的自我激励，而不是被动接受!学生们的创意真是有无限潜能，他们有的用小队成员的卡通头像组成电子档案，有的用 PPT 记录学习情况，也有的用多彩的电子小报把各个学习计划划分成不同的模块再有机地整合在一起……

第二，早读时间安排多样化。语数外三科的课代表合理分配每日早读时间，把早读的25分钟安排得丰富而有特点，早读的内容不再只是简单枯燥的朗读，而是根据各学科特点，每日"变着花样来"，数学可以有要点提纲

式复习、习题训练、错题互问、概念默写等，英语可以有听力训练、语法梳理、课文分角色读背、单词接龙等，语文则可以点诵法朗读、阅读片段、实虚词积累、作文范例欣赏等，课代表可以听取老师的要求，征询同学意见，务必要提前做好充足的准备，和班级同学互相合作，争取早读时间的高效性。这样的早读课远比老师站在讲台上严肃督促更能见其成效，课代表的能力得以训练提升，同学们的心态也会更轻松自在，多样化形式的转换使得知识体系的吸收更简单、更牢固且不会显得沉闷单调！在早读课上，同学们会每天一位轮流坐在教室后座用手机视频拍摄整个 20 分钟的早读内容，然后利用午休时间大家围坐在一起观看视频，找出亮点或不足之处，也会评出每天早读课上的最认真的学生，给予表扬。每周还会选择出本周最好的一节早读课上传到校园网的"班级活动"中，让全校师生观看和点评。

第三，作业完成互助化。每日的作业不再统一公示于黑板上，人人"面面俱到"了，而是根据各学习小队的情况，由队长在老师布置的作业范围里进行多项选择，然后要求小队成员完成所选作业即可。作业的类型主要分五个等级：抄写级、记诵级、复习级、整理归纳级和拓展延伸级。每日以小队为单位、队长责任制的方式确保本小队每日作业能保质保量完成。所谓"队长责任制"，就是队员们每晚完成作业后定时在各小队自己建立的微信群或QQ 群里@各自的队长，由队长统计并督促大家。这样做可以较好地填补学生之间的差异性，减轻他们的课业负担，从而激活学生的学习积极性与团队意识的建立！

第四，班会队会自主化。在建设学习自动化的过程中，学生的学习态度和成绩固然是很重要的，但是也不可忽略班级德育和美育。每周一次的班会，每月一次的队会由六支学习小队轮流主持，选择的主题主要来自班集体动态、校园生活和社会现象，学生们从他们的视角观察身边的真善美；宣传温暖和谐；讨论是非对错，或是用精美的 PPT 展示，或是一起视频照片分享，或是展开唇舌激辩，抑或是用主题演讲的方式把考试分数之外的个性思维淋漓尽致地展现出来！

第五，活动比赛自创化。"天生我才必有用"，根据学生的不同特长和特点鼓励他们分阶段提出并开展各种活动比赛，比赛规则由提出者自定。对于这种自己可以占绝对优势的自创竞赛活动，学生们表现得尤为积极。他们会提出各种奇怪新奇的比赛项目，如作业完成正确率比赛、课堂笔记最翔实比赛、组内成绩差距最小比赛、默写满分积累量比赛、课间闲话最少比赛、上课发言次数比赛、自主班队会获得掌声时长比赛、最有魅力课代表比赛……每个小队轮流组织比赛，比赛前要把比赛内容、准则等方案拟定好并用电子文稿的形式上传至"班级活动"栏目，让其他同学先知晓和熟悉比赛的相关内容，并允许其他人提出修改意见，但必须被班级中一半以上同学点赞同意后比赛方可实施进行。几乎每周都会有不同形式的"比赛"，学生们比得个个不亦乐乎，不知不觉中加强了学习小队的凝聚力和合作度，提高了自身的竞争意识，整个班集体的学习积极性日益高涨。

第六，努力争优自觉化。除了班级里的各项比赛之外，我班的自动化学习创建还延伸到了年级、学校、甚至社会中。在争创文明班、赢取每周流动红旗、初高中互动体验、集邮知识竞赛、科技头脑风暴、艺术节课本剧大赛、爱心义卖会、社区敬老志愿者活动等方面学生们都会主动参与，积极投入，努力争优，我们都会及时把这些活动的过程拍摄成视频音频文件、制作成PPT抑或是做成图文并茂的电子报纸保存在"特色创建互动展示"中，既留住了珍贵的记忆，又可以同全校师生共享交流，一举两得，乐趣无穷！

当然，在如火如荼的特色班建设过程中，也会出现很多的困难和问题。学习小队组建初期，学生的分组出现男女生比例失调和"好生"结伴、"差生"落单的情况，我根据学生的学习现状把组员适当微调，把男女生比例和优差生的比例均衡分配，对于每一个小队制定的计划目标中急于求成、大而化之的内容都给予适当修改，提出制定"跳一跳，够得着"的目标意见。

对于学习情况跟踪反馈表的记录，我会在平时学习过程中经常督促，时常上校园网检查各小队的信息更新的情况和是否按照当初制定的目标实施学习活动，有无"走偏"。我还会旁听各学习小队每两周一次的学习自查反馈例会。

早读课的内容我会和课代表们一起筛选把关，把重复枯燥的内容去除；班队会的内容会在他们发布在校园网上的"活动计划"下留言，向负责的小队提出自己的建议和想法，会提供相关的材料或网站信息供他们参考，甚至在上班队会的过程中，我会坐在教室最后一排像学生一样参与其中，加入他们的讨论，用文字记录令我触动的要点，并在每一次的校园网"班级活动小结"里做出自己的点评，肯定优点，指出不足之处。

在每日布置作业时，我会尽可能细化每一条作业要求，便于学生分清它们的等级，选择起来更清晰明确，并申请加入各个小队的 QQ 群或微信群，协助队长监督作业完成情况检查的同时还能随时解答个别学生在完成作业过程中遇到的困难。

在比赛争优方面，我会坚持支持每一项赛事，但严格把关每一位优胜者的原则，在校园网上就相关活动方案进行点赞或点评是家常便饭，督促学生制定严格的比赛的规则，不打击他们的积极性，让赢的人实至名归，而输的人心服口服。我会给每一项赛事的获胜者颁发奖状奖品，并上传至校园网，号召其他老师和同学为他们点赞，让学生学得有成就感、有自豪感！

在班级学习自动化的个性特色创建过程中我甘愿做绿叶，大胆放手，相信学生，充分利用网络交流平台给他们充足的时间和空间用自己的才智去无限地创造，尽情地拓宽视野，勇敢地锻炼能力！

五、德育特色班创建成效

一学期很快就临近尾声了，我和学生们一起把整个创建特色班的过程、感受以及收获用文字和图片整理总结，完成自查表的填写和总结汇报附件的上传校园网，接受全校师生的检查。由于平时通过校园网"德育特色班专栏"这一平台形成了丰富材料的积累，所以它也成为了我班对外展示的一个极佳的"窗口"，让大家一起了解我们在整个创建活动中的作为，在整个创建过程中，我们得到了来自其他班级老师和同学甚至家长们的积极的鼓励和丰富的建议。他们既是助我们飞翔的翅膀也是我们的严格的评审员，他们无数个点赞和鲜花激励着我们勇敢探索的步伐，他们中肯的批评和绝妙的建议使得我们避开了无数个暗涌和低谷，让我们可以最大限度地达成既定的目标！一个月之后，我们通过了年级特色班评审，两个月之后，我们通过了校级特色班评审，最终荣获了"校级自主学习特色班"！

　　班级特色建设是一个崭新的飞跃，师生可以借助校园网这个大舞台，尽情施展创建才能，在当下网络飞速发展的时代，这无疑是最好的选择。学生会主动参与，创设自我教育环境，启动持久的教育内需，激发他们的潜能，每一个学生都可以在积极、健康的风气中接受持久而稳定的熏陶，这种影响不仅体现在学业中，还会影响他们在其他社会活动和学生人格养成中发挥一种普遍性和持续性的作用，甚至影响他们的一生！

巧引长征精神推动学校共青团、少先队建设一体化发展

上海市长征中学　宗俐瑶

共青团、少先队是初中德育工作的主要阵地，团队员们在初中阶段接受热爱党、热爱祖国、热爱社会主义的教育，主要依靠共青团、少先队的引领和指导。在群团改革的背景下，针对团队一体化建设，应开展丰富多彩的活动，在团队员中组织开展长征精神教育活动对团队一体化机制的促进有更深刻的意义。本文将阐述长征精神的育人效果对初中团队一体化机制的促进作用。

"初中团队一体化"是在初中少先队组织与共青团组织并存的环境中，通过推优入团，留队带队，把初中团队建设和教育融为一体，扩大团队组织在初中阶段的交叉、相容，形成团队全程衔接教育的整体合力，构建"队为主体，团为核心，以团带队，团队共兴"的中学团队工作新格局。开展好初中团队一体化工作模式的实践与研究，可以有效地保证初中少先队员接受团队组织教育的全覆盖，保证团组织对初中团员青年的全覆盖，可以更好地服务于素质教育，帮助团队员们树立理想信念，增强团队员的自豪感、责任心，为团组织输送新鲜血液，营造不断创新、不断进步的团队文化，推进团队组织的发展。

长征精神是中华民族百折不挠、自强不息的民族精神的最高表现，是保证我们革命和建设事业从胜利走向胜利的强大精神力量。长征精神的主要内

涵包括：乐于吃苦、不惧艰难的革命乐观主义，勇于战斗、无坚不摧的革命英雄主义，重于求实、独立自主的创新胆略，善于团结、顾全大局的集体主义。如今初中团队员普遍处于较优越的生活环境，具备较好的学习条件，在他们的身上缺乏长征精神的内涵的体现。学校团委少先队可以针对目前团队员身上所缺乏的长征精神开展以下形式的长征精神主题教育活动，在达到育人效果的同时，促进初中团队一体化机制的进一步完善。

一、乐于吃苦、不惧艰难的革命乐观主义

我校团委少先队在校园内开办长征少年军校，磨砺团队员的意志，面向团队员开设长征主题教育课程，包括学习长征的历史、长征的意义，观摩长征主题电影，学习《七律·长征》《清平乐·六盘山》《清平乐·会昌》等长征诗词，学唱《十送红军》《长征组歌》等长征歌曲，聆听老红军在长征路上可歌可泣的故事，让团队员在感动之余真切体会红军战士乐于吃苦、不惧艰难的革命乐观主义精神，感受信仰的力量，鼓励团队员在以后的学习和生活中即使面对挫折也要勇敢无畏。

二、勇往直前、无坚不摧的革命英雄主义

我校团委少先队在校园内开展长征故事会活动，同学们通过学习并了解长征的历史，通过讲述《半条被子》《金色鱼钩》《七根火柴》《半截皮带》《一袋干粮》等长征途中发生的感人故事，体现长征人物不畏艰险、勇往直前的精神，引导学生了解长征征途，感受长征的艰辛。同时校电视社团成员利用学生社团活动时间将同学们所讲的长征小故事拍摄下来并进行后期剪辑和制作，最终在学校微信公众平台的"影像长征"栏目中展示，将长征小故事讲给更多人听。

三、重于求实、独立自主的创新胆略

我校团委少先队组织开展"长征精神教育"主题少先队活动课和团支部

生活，引导团队员自主设计具有针对性、适切性、创新性的活动方案。此外，校团委少先队还策划并举行了长征主题故事演讲比赛、长征主题绘画比赛、长征主题书法比赛、长征主题歌曲合唱比赛。校团委少先队积极探索活动的新形式，拓展教育渠道，探索新时期学生传承长征精神的新途径、新方法。我们积极发挥团队员的主动性和创造性，突显主题教育活动的时代性和创新性，寓教于乐、寓教于行、寓教于思，引导团队员自行设计、选择了解长征历史的有效途径，促进团队员的自我教育，并在潜移默化中将长征精神内化为精神需求，提高主题教育实践活动的吸引力。

四、善于团结、顾全大局的集体主义

我校团委少先队结合暑期开展的"重走长征路"研学旅行活动，引导团队员开展与长征有关的主题学习活动，让团队员围绕"长征"这一主题，寻找探索长征的独特视角，确立研究小课题，融会贯通、灵活运用多学科知识，开展探究性学习活动。团队员以小组为单位，对任务进行合理分工，通过查阅长征相关资料、确立研究课题、组建研究小组、实地寻访探究，实践活动结束以后共同完成长征主题学习任务单。校团委组织团队员参与长征主题户外定向实践活动，活动的任务设置与长征历史事件相结合，将深厚的革命情感和厚重的历史文化内涵整合于定向任务中，模拟"飞夺泸定桥""过雪山草地"等情境进行互动游戏，通过亲子或小队合作互动的形式挑战闯关，完成红色定向实践活动，使团队员体验挑战自我、勇敢团结的精神力量。

共青团与少先队对于团队员的引领作用可以渗透在方方面面，面向团队员开展的长征精神教育是促进团队一体化机制的一个载体。校团委少先队精心设计、立意鲜明的长征精神主题教育活动是为了使同学们从体验到感悟、从认同到共鸣，对长征精神有一个更加理性的认识。长征精神教育不是空洞无味的说教，也不是脱离实际的生搬硬套，而是要用富有生命力的活动来吸

引学生的主动参与，在活动的过程中巧妙地融入多元的教育意图，这样才会让学生获得心灵的震撼。长征精神主题教育活动更强调的是过程，而不是简单的结果。其意义在于真正唤醒学生的心灵，让学生在自我体悟中实现自身的完善。

优化活动过程　整合教育资源

——增强"红色之旅"教育实效性的实践与思考

上海市长征中学　金　嬬

《中小学德育工作指南》指出，中小学生研学旅行是由教育部门和学校有计划地组织安排，通过集体旅行、集中食宿的方式开展的研究性学习与旅行体验相结合的实践教育活动，是实践育人的有效途径。开展研学旅行有利于培育和践行社会主义核心价值观，激发学生对党、对国家、对人民的热爱之情；有利于推动全面实施素质教育，创新人才培养模式，引导学生主动适应社会，促进书本知识和生活经验的深度融合。

近十多年，红色旅游越来越红火。井冈山上、黄河岸边、太行山中、芦苇荡里，重走长征路、革命圣地游、伟人故里游、抗日根据地游，兴起了一波波红色旅游的热潮。我校以伟大的"长征"命名，"长征精神在长征"是我们知名的德育品牌。作为长征精神教育的一个重要载体，我校与长征镇人民武装部合作共建"新长征军校"。2007年暑假，在纪念中国人民解放军建军80周年之际，我们启动了由长征镇民兵预备役学校学员、长征中学"新长征军校"学员参加的"重走长征路"红色之旅活动。计划通过五年一轮的长征行活动，让新时期长征学子亲身体验长征精神，拓展学习中华优秀传统文化，努力培养和践行社会主义核心价值观。12年来，师生代表寻访了长征出发地、长征转折地、长征会师地直至长征胜利落脚点。我们从南昌到瑞金，从于都到遵义，从赤水到红原，穿过腊子口，登上六盘山，落脚吴起镇，成功抵达延安。沿着红军先烈的足迹，我们跋涉在红色大地上，一路收获着珍贵的记忆和感动。

一、抓住环节，凸现主体，注重过程，追求实效

德育的根本任务是端正人的品行，完善人的人格。这个要求靠"灌""压"是无法实现的，必然要靠人的自觉参与。只有通过主体主动学习、实践、感悟、体验、反思，才能逐步内化为自己的理想和信念。因此搞好未成年人的思想道德建设，对教育过程的关注便成了贯彻落实的关键。而德育过程应该是教育者与受教育者共同参与的互动过程。这种互动的关系集中体现在学生主体性的有效激活和教师主导作用的结合，教育者的组织教育引导和受教育者的能动的认识、体验和践行的结合，教育者的教育活动与受教育者的自我教育结合上。

我校在"重走长征路"红色之旅活动的开展过程中，抓住基本环节，选择适合长征中学学生基本情况的德育方法，努力把德育的过程还给学生，使学生通过自我体验和感悟，获得道德和情感的认知，并在活动过程中实现自我教育，促进道德、情感、意志、行为的和谐发展。

一是组织策划阶段。首先由学校政教处发出动员令，"新长征军校"学员自愿报名，在征求班级意见和家长意见后，确定最终名单。所有参与此次红色之旅的学生和带队教师共同参与制定活动方案。我们需要查找资料，了解活动目的地拥有哪些红色的、绿色的、自然的或人文的教育资源，明确需求后与旅行社洽谈。全部行程确定后，召开行前准备会，制定营员守则，签订安全承诺书，成立学生自主管理小组（同时也是研究性学习小组），明确职责分工。

二是实施践行阶段。红色之旅活动过程中，每天师生要通过抄录或是摄影、摄像及时收集资料，晚上召开小结会，学生自我点评，教师列席补充。随后大家在《红色之旅研学手册》中及时记下自己的见闻、感悟与思考，反应自己的心路历程。活动中，我们会根据出现的意外情况，适时调整活动方案。2007年暑假，"重走长征道路江西行"从瑞金赶往于都长征渡口时，大巴车半途抛锚了。我们没有坐等修车技工的到来，而是决定全体队员徒步走到渡口，体验一番红军长征的艰辛。在这段"长征路"上，同学们高举着老红军亲笔签名的"长征学子长征行"队旗，在炎热与疲惫的考验中行进。自始至终没有一个人喊累，也没有一个人掉队……这样的经历，对于"90后"的都市孩子来说，远不止新鲜。

三是总结展示阶段。活动结束返沪后，师生及时回校召开总结会，大家共同发表意见，对此次活动做出评价和反馈。然后学生个人完成此行的活动感悟和总结，再分小组整理资料、照片，形成研究性学习报告，制作PPT。为了更好地发挥学生自我教育的效益，我们要求参加红色之旅活动的学生将自己的见闻、体验、感悟和大家共享。新学期开学后，在专题教育课上，学校会安排精彩的红色之旅系列报告会。同学们分"长征感怀""绿色山河""民俗风情""物华天宝"等板块与全校师生交流分享，不但锻炼了演讲口才，提升了自信心，还引发了共鸣，激发了学生参加下一年度红色之旅的热情。

我们不断研究学生的需求，并把这种需求很好地体现在活动的创意、设计、过程中，做到内容是健康、丰富的，过程是美丽的，体验是实际的，效果是持续的。每一次红色之旅活动结束，在总结和反思时，教师与学生平等交流，倾听学生的不同见解，以此改进下一年度红色之旅的活动方案，增强德育的有效性。

二、整合多项教育内容，获得多种教育效果

综合化是当今教育改革和发展的重要特征，社会实践活动设计需要采取组合思维的方法。一个成功的活动设计师和实施者，应善于将各学科的教育内容、课内与课外、学校与社会有机地加以整合与联动，力求在有限的时间里获得多种教育效果。

我校开展的"重走长征路"红色之旅系列活动分五年一轮追寻江西、贵

州、四川、甘肃、陕西等地红军留下的足迹，我们参观长征纪念馆、瞻仰红军烈士纪念碑、拜访健在的老红军战士、探寻红军英勇战斗过的遗址，听红军的感人故事……12年来长征师生考察的许多长征遗址，就像一条红线上串着的一颗颗宝珠。红军长征经过的很多地方也有着众多的自然遗产和中华优秀传统文化遗产，这些都是我们宝贵的教育资源。我们针对活动参与者的弱项，注重思想的提升、知识的拓展、综合能力的训练、团队合作精神及人际情感的培养等因素，巧妙地加以融合，使师生通过红色旅游的亲历方式，于红色的人文景观与绿色的自然山水之中，在观赏风景、愉悦身心的同时，重温党的光辉历史，增长知识和阅历，收获更多的精神财富。

1. 走进文学意境，积淀人文素养

中学语文教材中有许多经典的诗词、散文，而学生在学习过程中往往通过机械性背诵和反复的默写识记，很难获得审美的体验。而在红色之旅途中，若学生有机会身处文学作品表现的情境，就能引起他们情感的共鸣，体验会更为深刻。

在江西南昌，师生们特地登临"瑰伟绝特"的滕王阁，远眺浩浩赣江，吟诵着王勃的名篇《滕王阁序》。"老当益壮，宁移白首之心？穷且益坚，不坠青云之志"有效地帮助学生深刻理解了作者的高傲风骨和积极向上在危难之时不坠志向的心态，而"落霞与孤鹜齐飞，秋水共长天一色"的美妙意境，使人不禁赞叹祖国语言文字的丰富内涵与无穷魅力。

在贵州遵义红军取得长征途中第一次大捷的娄山关，我们登上关口，雄关的巍峨、"一夫当关，万夫莫开"的险峻之势尽收眼底。当此时此景，老师示范吟诵《忆秦娥·娄山关》，感情充沛，气势激昂。然后带领着学生们高声吟诵，让学生通过吟诵来理解和揣摩，包括句读、语气、声调、情绪等。抑扬顿挫的语调、跌宕起伏的节奏、铿锵有力的手势，帮助学生领会了诗句的意境，理解了诗人的创作激情和革命者的胸襟与抱负。师生们的耳畔仿佛又听到了"马蹄声碎，喇叭声咽"，眼前似乎又看到了红军指战员英勇鏖战的壮烈情景，深切地感受到了"雄关漫道真如铁，而今迈步从头越"的豪迈气概。

2. 了解当地民俗风情，感受中华地大物博

贵州的赤水河以红军四渡赤水而扬名，毛泽东率领中国工农红军在这里屡出奇兵，四次飞渡，写下了军事史上以弱胜强的"得意之笔"，赤水河因此被称为英雄河。然而，我们师生知之甚少的是赤水河还以盛产美酒著名。赤水河两岸产出了茅台、习酒、郎酒、董酒、泸州老窖等百余种名扬四方的佳酿，因此赤水河又被称为"美酒河"。望着赤水河里略显朱砂色的河水，一个个研究性学习课题从师生脑海中冒了出来：《赤水河畔美酒多的成因初探》《从"美酒河"看中国的酒文化》《国酒茅台与世博会》……

黄河上的羊皮筏子俗称"排子"，曾经是黄河流域在青海、甘肃、宁夏一带最古老最重要的一种水上交通工具。在兰州，师生们不仅体验了乘坐羊皮筏子在黄河上漂流的感觉，还仔细察看了羊皮筏子的外观结构、了解了它们的制作方法，并由衷地感叹中华民族的勤劳与智慧。

3. 追溯中华文明起源，激发浓浓民族情怀

当长征师生行走在甘肃天水、陕西延安时，我们有幸翻开厚重的中华人文历史，走近被尊奉为华夏民族的人文始祖——伏羲、黄帝。在祭拜了伏羲庙和黄帝陵后，我们了解到伏羲和黄帝作为有大智慧的思考者和发明创造者，作为各民族团结协作、寻求生存与发展的历史象征，他们的丰功伟绩对中华民族的文明进步和发展起到了不可估量的作用。追溯到中华文明的起源，极大地激发了长征师生身为炎黄子孙的民族自豪感。

4. 抓住有利教育时机，培养中华传统美德

让学生在实践中体验，在体验中感悟，在感悟中升华，在升华中践行。在这一过程中，教师要能敏锐地捕捉教育契机进行随机教育，开发和利用生活中的道德教育资源，精心创设具有生活气息的道德情境，成为学生主体作用的启动者、引领者。

现在许多独生子女没有关心他人的概念，没有感恩之心，缺乏人文情怀。我校参加红色之旅的学生在学校里都是老师眼中品学兼优的好孩子，然

而他们在旅途中的某些表现也不如人意。比如，好像一只断了线的风筝，懒得向父母报一声平安，即使发了微信，也只是寥寥数字交待一下"今天去了哪里"，却只字不提自己表现怎样、状态如何、有何感悟。急得家长经常要直接打电话询问领队教师。针对这种情况，我们对全体学生营员讲"儿行千里母担忧"，要求他们理解父母的心态，每天晚上必须和家人微信通话，既免除父母的担心，沟通了亲情，又训练了语言表达。我们建议学生买些当地有特色的明信片寄回家，直接写上对父母的思念；或给父母买一件特色旅游小商品作为纪念、购一些当地的土特产捎回家，表达他们对父母家人的一份心意。

另外，看到学生在集体用餐时默然只顾自己，忽略了应有的用餐礼仪，旅途中对他人的帮助泰然接受，没有道谢之意等，我们也都会及时提醒、教育，为学生补上中华传统礼仪的一课。

5. 红歌一路唱，珍惜好生活

红色之旅途中，当我们的旅游车奔驰在大路上，就是我们师生唱响爱国主义歌曲的时候。教师们在出发前根据此行的主题选定教唱的歌曲，像《十送红军》《四渡赤水出奇兵》《到吴起镇》《东方红》等，或由音乐老师教唱，或由同学们通过网络自行学唱，初步了解歌曲的内涵。当年的天险腊子口如今已经大道畅通，但是红军战士英勇善战的精神深深地感动着师生们。大家面对高大的纪念碑、面对险要的旧战场，尽情地唱起《长征组歌——到吴起镇》"……腊子口上降神兵，百丈悬崖当云梯……"我们歌唱革命前辈的丰功伟绩，歌唱祖国的大好河山，歌唱来之不易的幸福生活。歌声驱走了旅途的劳顿，振作了精神，激发了热情，也提高了学生对于民族音乐的审美能力。

三、进一步增强红色之旅教育实效性的新实践

"重走长征路"红色之旅是新形势下爱国主义教育、国防教育和中华优秀传统文化教育的有效载体，这种教育不同于一般的学校教育，是比一般的

学校教育更直观、更有实践意义的旅行；不同于一般的旅行，是比一般旅行更有意义的教育。在 2018 年隆重纪念改革开放 40 周年之际，我校"重走长征路"红色之旅活动已进入第 12 个年头。为打造"长征精神教育"课程升级版，我校与上海思来氏教育咨询公司合作设计"重走长征路"线上课程。课件 App 为记录过程、呈现成果、实时互动和活动评价提供了技术平台。在井冈山、瑞金，同学们以查阅资料、实地探访场馆、发放问卷采访红军后人、红色景区游客和工作人员等多种形式搜集资料，通过摄影、摄像、美篇等媒介形式完整记录研学过程。建军节当晚，我们利用上海文广新媒体"阿基米德"广播平台，师生在井冈山向全国广大听众进行了现场直播和互动，产生了广泛的影响。

　　总之，在红色之旅实践活动中，提高教育的实效性关键在于创新。教师要帮助学生学会调研、学会设计、学会分析、学会选择、学会交往、学会总结、学会评估，这种指导对教师自身的思想观念、敬业精神、专业知识、实践操作能力、师生关系等方面提出了更新、更高的要求。教师在教育活动中应该成为一个组织者、引导者、帮助者和促进者。教师也应该在与学生的互动中，深入了解学生，在沟通中增强亲近感，学习学生的长处，形成正确的学生观。

走"长征路" 践行"长征精神"

上海市长征中学　范晓岚

　　红军长征这段历史虽然已经远去，但为了让它生动再现，让学生有机会体验这段历史，感悟长征精神，以"长征"命名的长征中学将伟大的长征精神内化为"自信、自强、自主和主动发展"的办学思想，并以历史课程为先导，充分利用校内外资源，摸索出一套"重走长征路，践行新长征精神"的德育实践经验。

　　重走"长征路"最初的灵感来自一节历史课，我不经意间发现一个学生在教科书上的红军长征路线图上圈圈画画，某些地方还画出刀枪图案以示战斗。我突发奇想，拿过来和大家说道："同学们来看看这张红军长征路线图，如果圈出一些重要地点，再放上一些棋子，它像不像一盘棋，我们下次上课就能一边下棋一边听课了。"一句玩笑话顿时把课堂气氛盘活起来，那位在地图上圈圈画画的学生也开始得意地向周围同学展示他的杰作。下课后，我注意到不少学生已凑在一起，商量比划着如何在地图上设置棋局的事。正是这堂课上的灵机一动，促使我决定开设历史拓展课，发动学生"重走长征路，感悟长征精神"，并最终形成"趣走""形走"和"实走"三种活动方式。

一、"趣走长征路"

学生在棋盘上走"长征路"。教师发动学生制作长征棋盘，并制定有关规则，师生一同参与在棋盘上"重走长征路"游戏。这种寓教于乐的方式极大地激发了学生的学习热情。在教师的指导下，学生很快对红军的长征路线有了整体性的了解，对长征过程中发生的重大事件也有了基本印象。在此基础上，教师鼓励学生查阅更多的资料，找出更具体的史实，乃至感人故事，并把这些学习收获体现在棋盘制作和规则制定上。比如，教师通过指导学生学习《长征组歌》，提示他们歌词涉及的"于都河""湘江""乌江""腊子口""六盘山""吴起"等课本未做重点介绍的地名，可否考虑在棋盘上做重点介绍；要求学生通过搜集各种资料，如文字、音像、视频等，把握每个重要地点的位置与史实，准确进行棋盘上地点的设置、地点事件的设置和规则的设置。说到规则的设置，学生最是头头是道："血战湘江"这里要停投一次骰子，"遵义会议"那里则要多投一次；"四渡赤水"这里可以多进几格，"翻越夹金山"那里则要后退几格；等等。随着兴趣、能力的提升，学生已能随口说出棋盘的每个地方涉及多少人物、包含多少故事，简直如数家珍。长征棋盘就是一部具体、生动、有趣的长征历史，从制作到玩耍，充分体现了学生"自信、自强、自主和主动发展"的精神面貌。

二、"形走长征路"

学生不仅可以在棋盘上重走"长征路"，也能够在校园的"长征路"上留下足迹，这就是所谓"形走"，即在形式上走。学校听取了历史教师的意见和建议，修筑了一条校园人文景观道——"长征路"，将红军长征途中的重要历史事件用文字刻在沿路的石碑上，供过路者观赏阅读。而每当教学"红军长征"内容时，教师就会带领学生踏上这条路，领略"于都出发""血洒湘江""遵义会议""四渡赤水"等一道道风景，任由思绪把自己带到那艰苦卓绝的岁月。古人云："寂然凝虑，思接千载。"长征已过去80多年，硝烟散尽，却无法散去人们对它的凝虑。这里有思绪飞花，也有身体力行。"飞夺泸定"石碑后是一座泸定桥式样的小型铁索木板桥，几乎每个学生都会踏足其上，体验一把，而接踵而来的无论"翻越夹金"还是"跋涉草地"，其路途都不平坦，让走惯了坦途的学生领悟到其中的寓意。"形走"的长征路，虽然有其名、无其实，但它确实提升了学生的历史感，增强了他们的责任心，这种历史感、责任心又促使他们更自觉地践行"新长征精神"。

三、"实走长征路"

能让学生真实地走在长征路上，这是教师心头挥之不去的念想，而在长征镇武装部的大力支持下，它变成了事实。每逢暑假，学校都组织"红色之旅"活动，师生一同前往当年红军长征经过之地进行考察。出发前，教师会指导学生学习长征历史，并组织学生搜集各种资料，对沿途各景点的风土人情、历史人文进行一定的了解，做到有备而行。在红色之旅活动中，教师成为配角，学生则成为主角，为大家做讲解。在于都县"红军长征第一渡"纪念碑前，学生们久久肃立，中央红军夜渡于都河，从此踏上漫漫长征路的一幕幕在脑海中闪现；在遵义会址，时间仿佛凝固了一般，目睹当年的作战地图、桌椅和床铺，学生依稀看到了小楼里煤油灯透出的光亮，感受到了星星之火孕育出的民族希望；站在娄山关，"一夫当关，万夫莫开"的险峻之势尽收眼底，学生又仿佛听到"马蹄声碎，喇叭声咽"，感受到"雄关漫道真如铁，而今迈步从头越"的豪迈气概；走进腊子口，倾听的是胜利的呼声；翻越六盘山，感受的是"三军过后尽开颜"的乐观；来到吴起镇，眼前又浮现出红军胜利会师的景象。

长征中学的学子们一次又一次地在这条神圣道路上留下了足迹，重走的长征道路已成为精神殿堂。对我们而言，长征的意义不仅在于重温当年的艰苦卓绝，更在于从这一精神宝藏中吸收营养、汲取力量。

学生的脸上透着自信和刚毅。"重走长征路"的宗旨与追求、价值与意义不正在于此吗？"趣走""形走"和"实走"构成了我校"重走长征路"

的德育实践活动系列，成为学校"长征精神在长征"校园主题文化活动的特色内容之一，成为学生们锻铸其主体意识、磨练其精神品质的重要方式之一。

"雄关漫道真如铁，而今迈步从头越"，长征精神鼓舞长征师生勇往直前。

大孩子　小主任　小智慧　大艺术

——班主任实践中的小智慧

风华中学　杨　芳

一个优秀的班主任应该是一个有魅力的人，他的魅力应来自他的高尚的人格、广博的学识、与时俱进的能力和无私的奉献精神。随着教育改革和素质教育的不断推进，对班主任自身的素养要求越来越高。其实，班主任的工作非常琐细，要处理包括学生的道德教育、日常的行为习惯，学习生活、文体活动、班集体建设等看起来都是很平凡甚至有点"婆婆妈妈"的小事。然而班主任的工作又是责任重大的，特别是现在的学生几乎都是生长在"4+2+1"的模式家庭里，家长的宠爱、家庭条件的富足，使得学生各具个性。一件件琐碎的小事、一个个微小的矛盾，处理得好，琐碎的工作也有可能成为支撑学生走向成功的基石，学生踏着这块基石一步步登上事业的顶峰，而处理得不好，一件小事就可能成为下滑的斜坡，学生可能由此而跌入人生的泥坑。所以在平时的教育管理中，班主任应注重艺术性，发挥自己的小智慧，修炼自身的魅力。自工作以来，我已经带完了三届学生，做了近十年的班主任，可谓年轻的"老主任"，但由于身量瘦小，在众多高大的高中生们面前，我一向是"仰视"他们的，备感"大孩子，小主任"的无奈，所以平时工作中就常动动脑筋，以巧取胜，也算颇有心得，借此机会和大家一起分享。

一、无声胜有声——教育要有适当的"留白"

《道德经·十一章》中写道:"三十辐共一毂,当其无,有车之用。埏埴以为器,当其无,有器之用。凿户牖以为室,当其无,有室之用。故有之以为利,无之以为用。"意思是说,三十根辐条汇集到一个车毂上,正因为车毂中间是空虚无物的,这样车轮才能转动,起到车辆的作用。糅合陶土做成器皿,正因为器皿中间是空虚无物的,这样器皿才能盛物,起到器皿的作用。开凿门窗建造房屋,正因为门窗中间是空虚洞穿的,这样屋子才能住人,起到房屋的作用。总之,"有"的种种便利,是"无"在起着决定性的作用。这是从生活的角度论证了"留白的艺术"产生的效果,其实教育中也要注意有适当的"留白",虚中求实,从而取得"以无胜有"的教育效果。

在我的班级里曾经发生过一件事。高二区统考前,学生和老师都在紧张地备战,大家将弦都绷得紧紧的。因为连续几天下雨,班级里爱打篮球的同学有点手痒痒。趁课间,几个男同学在教室后面开始你推我攘地打起球来,打得正欢时,其中一个男生在抢球时手指正好划到了一个开着的学生橱门边上(我们的教室后面有一排铁柜,以供学生平时放些书本,免得每天来回背个重重的大书包,但学生橱柜的门边就是一层铁皮边缘很锋利),划了一个很大的伤口。当我闻讯赶到教室时,看见教室地面上滴了好多血,划破手的同学捂着手一脸的痛苦状,其他同学围着他,都吓呆了。大家一声不响地看着我,特别是那几个打球的同学个个像打了焉的茄子,低着个头,一副等着挨训的样子。他们以为我肯定会大发雷霆,可出他们所有人意料的是,我一句话也没说,马上扶着受伤的孩子去医院包扎。在包扎的过程中那个受伤的孩子也是强忍着疼没有吭一声,而我从头至尾只是关心他的手,打球的事只字未提。回来后我很平静地对大家说:"某某同学因为手受伤了,学习上有些困难,以后还请大家帮帮他,这个机会就交给我们其他打球的同学,好吗? 有什么需要的可以随时来找我,希望你们能帮他顺利地通过这次的区统考!"而后我再也没提这件事,经过暗地里观察,我发现那些自知闯祸的男生很自觉地帮助受伤的男生做任何有关"用手"方面的事情，帮他抄笔记、帮他抄每天的备忘录、帮他收拾书包、帮他值日……那个受伤的学生在大家的帮助下也有点不好意思，学习更加努力了，而且大家从此再也没有在教室里打球了，其他同学的学生橱在拿了东西后马上就自觉地锁好了。之后的那次区统考我们班考得很好。三年后，那些回来看我的学生谈起这件事还说："如果当时您很严厉地批评了我们，我们就不会自责了。您越不吭声，我们就越害怕，您越不讲我们，我们就越自责，再不敢出错，就怕您爆发。只好自己惩罚自己，自己多努力了。"我听了，哈哈大笑起来！我的一次"无声"竟然取得了这么好的教育效果，以至于这么多年以后他们还记忆犹新，看来教育真的要有适当的"留白"。

教育的适当"留白"给学生一个自我认识的空间、自我教育的时间。我们要打破传统教育里教师是教育者，学生只是受教育者的理念，推进新教育的改革，认识到学生既是受教育者，同时也应是教育者。在复杂的教育实践中，只有把教师对学生的教育和学生的自我教育结合起来，才能更好地解决一些实际的教育问题。教育也是艺术，班主任要学会弹钢琴，琴声低回悠扬或铿锵有力，都要给学生留下足够的回味空间。

二、掌声响起来——教育要善于寻找闪光点

在很多人的观念里，教育多数采用批评教育，然而近几年在家庭教育和中小学教育中倡导的一种教育理念和教育方法——赏识教育，认为好孩子是"夸"出来的。从心理学角度看，赞美可以有效地缩短人与人之间的心理距离，每个人都渴望获得赞美，被人肯定。

赏识教育提倡要"寻找闪光点"。这要求老师具有敏锐的目光和深邃的洞察力，要善于用"显微镜"发现和寻找孩子的闪光点、善于用"放大镜"观察孩子的闪光点，并且能够及时把孩子的闪光点和积极的信息通过不同方式传达给孩子，使孩子受到鼓舞和激励，从而调动孩子自主成长的内驱力，促进孩子走向成功。据说，弥勒菩萨和释迦牟尼本乃同时修行，释迦牟尼因为多修了一些赞美的语言，因此早于弥勒菩萨三十劫成佛。赞美他人与微笑迎人是天下最

直接的布施。我们又何乐而不为呢？所以作为班主任在批评教育的同时更要注重及时的表扬学生，设法给学生搭建体验成功的平台。不管学生上有多少缺点，班主任都要注意观察，及时地发现学生的优点和强项并给予及时的表扬，想方设法地创设条件，使得每个学生都有体验成功的机会。

记得六年前，我们班有个男同学，性格有些怪僻，成绩时常垫底，上课不是睡觉就是玩手机，作业也总不交，各科老师提起他也都是没一句好话，家长更是无可奈何，每天见他我都觉得心情很压抑。起初，我也是一味地批评他，而后才又想了其他的办法，写信、谈心、留他每天放学在我的办公室做作业，但效果均不佳。我很是苦恼，想着这样下去总不是办法啊，长此以往，学生就真的放弃了。正巧，赶上学校举办艺术节，每个班要出一个节目。我听说这个学生喜欢跳舞，平时在舞蹈室里学跳街舞，就想请他为班级编排一个舞蹈。但那时我们之间很难沟通，我怕被他一口回绝，那事情就难办了。为此我选择"曲线救国"，先是找到了班级里平时和他关系比较好的同学，让那个同学和他商量能不能帮我们班级排一个集体舞蹈，一开始他挺不愿意的，但他又挺讲哥们义气的，怕他的哥们在我这感到为难，没有一下子回绝。这是个契机，我马上亲自去找他，语气极其温柔委婉，充分利用了我的"小主任"的优势，正好那时我也想学街舞，便向他请教了许多有关街舞方面的知识，对他的见识和舞蹈动作表示了我的钦佩。在他松开心结时，我又试探性地问他可以帮帮我这个忙，他见我真的是很诚心，终于同意了。结果，他帮班级排的《喜唰唰》在那次艺术节里大放异彩，荣获了全校"大家最喜爱的节目"，人气指数飙升，其视频点击率超高，后来还应邀请在教师节的大会上表演，逗得老师们个个乐开了怀。借这个机会，我大大地表扬了他，大张旗鼓地开庆功会，颁发奖状，评选他为"对班级有特殊贡献的人"，在大家热烈的掌声中，该学生双手接过奖状，对我深深鞠了一躬！自此以后，这个同学的各个方面都有了显著的变化与进步。显而易见，成功的体验，能带动学生其他方面能力的发展，能提高学生的整体素质。

其实每个学生的每一个片段的成长都有精彩的可能，作为班主任要善于抓住适合的时机，发现学生的优点，及时地给予表扬，给学生一些掌声，给学生一个体验成功的平台，让学生的人生大放光彩！

三、对面的女孩看过来——教育要巧用异性效应

提到异性效应，很多人会想当然地认为就是男女之情。其实异性效应是指异性同学之间的相互吸引，相互促进的一种心理效应。其表现是两性共同参加的活动，较之只有同性参加的活动，参加者一般会感到更愉快，做事也更起劲、更出色。这也是俗话所说的，男女搭配，干活不累。异性效应是一种普遍存在的心理现象，也是一种正常的、健康的、积极的心理效应。这种效应在青少年中表现得尤为明显。其实道理很简单，当有异性参加活动时，异性间心理接近的需要得到了满足，因而会使人获得程度不同的愉悦感，并激发起内在的积极性和创造力。

在学校生活过程中，我们也会发现，同学们为了使异性产生好感，总希望自己在异性面前表现得好一点，希望给对方留下一个深刻的印象。当与异性在一起时，人们会更注意自己的言行举止，特别是高中生，花季、雨季一般的年纪，经常会发现一些女孩子特别好打扮，烫发、穿耳洞、戴首饰、戴美瞳等，男孩则爱逞英雄、爱表现。在运动会的体育比赛中，来自异性的加油声会给人带来更大的鼓舞和力量。因此，异性交往和相处会使人做事的状态变得更积极。

提起高中生的异性交往，很多人马上就想到早恋。可是恋爱这个问题在高中生已经不算早了，很多同学其实在初中就已经谈过恋爱了。该教育的初中老师也都教育了，高中时不少班主任也是想尽方法"棒打鸳鸯"，但最后都是成了玩"猫和老鼠"的游戏，且结果往往是"猫"很沮丧，"老鼠"很得意。于是我就想与其剪不断，不如巧安排。在平时工作中，我经常会组织一些集体活动，让男女同学在正当的集体活动中接触、认识，促进异性同学之间正常情感的释放和建立。

记得那年，学校组织学生去长兴岛学农，同学们都很兴奋，个个乐不可

支。我们被安排在一个条件比较差的生产队，男生、女生门对门的住着。那时天还比较热，晚上不少女生穿得相当单薄，对面的男生表现出明显的兴趣。几个负责的老师只能黑着脸训斥那些女生，让她们注意点。但这都是表面功夫，很多的事情都是老师控制不了的。这不，我们班就出事了。当晚上查房时，我发现一个女同学在发短信，发着发着还哭了。我观察了一会儿，没有打扰她，而是也给她发了一条短信，问她可不可以告诉我为什么伤心吗？她开始说没什么。我又等了一会儿，她大概发现我一直还在外面站着呢，于是悄悄地穿起衣服走出房间。一见面，我什么也没说，而是轻轻地抱了抱她，她也没想到我会抱她，先是一怔，而后紧紧地搂着我哭了起来。我什么也没问，和她找了个凳子靠在一起静静地坐着。其实我早就听说她喜欢上了班里的一个男生，但男孩子喜欢的是其他的女孩。好久，我才开口说话，和她说了我高中时的故事，告诉她这个时候的情感是很可贵的，有时候错过也是一种经历，过程比结果更美好。还告诉她一个人的自身的高度决定了她视野的宽度，等以后考上一个好大学了，就会发现有才又可爱的男孩实在太多了，那时你的选择会更多样。第二天，我特意帮她安排和几个负责装箱的男生在一起（她喜欢的那个不在其列），让她检查每个成箱的橘子有没有烂的，让她观察这几个装箱的男生哪个干活最灵活、哪个干活最卖力，借此来转移她的视线。果然，那个女生不再郁郁寡欢，工作特别地认真，而那几个装箱的男生本来因为活最重早有些怨言，此时却也是你追我赶地争着表现。那天我们班第一次第一个完成任务，早早回营地休息了。回来后我又安排男生女生在一起玩游戏，大家都很开心，班级的同学更加和睦，班集体更加齐心同力。

在同一个班集体中，优秀的学生就像响亮的高音，中等生则是黯淡的低音，个别特殊学生就是黑键上很少用得上的半音，班主任不能强行全班学生都发出一样的音色和音域，但我们应该尝试着让每一个学生都能为班集体奏出有用的音符，奏响他们的青春之曲！

这就是一个大孩子面前的小主任，用她的点滴小智慧书写的班主任的艺术人生！

软硬兼施，多元智能

——走班制下民主型班集体建设之初探

上海市风华中学　杨　芳

目前，全面推行走班制教学已成为必然的趋势。走班制给学生学习提供了个性化、选择性，更好地遵循了学生的个性差异与成长需求。它打破了传统行政班级的阈限，分层、分类施教，学生由以前在固定的行政班上课的"圈养式"方式到自主流动于各教学班的"散养式"方式的转变，班级由固定常态转为"动态"化。

教学模式的转变给高度集中的传统管理模式带来了极大的挑战，推进新时期民主型班集体建设势在必行。那么，如何加强走班制下班集体建设，促使其效能优化呢？为此，我大胆尝试，"软硬兼施"，综合多元因素，着力加强民主型班集体的建设，经过一段时间的努力践行，取得了一定效果。

一、巧施艺术、讲究民主，加强班级"硬文化"建设

班级"硬文化"，是一种可以摸得着、看得见的物质文化，包括教室的环境布置、座位排放、墙报设计等。

苏霍姆斯基说："依我们看，用环境、用学生自己创造的周围情景、用丰富集体精神生活的一切东西进行教育，这是教育过程中最微妙的领域之一。"

走班制下学生大多流动上课，班级日益弱化。但在相对固定的行政班级和选科本班同学较多的教室里，我还是利用一些有限的空间资源，讲究艺术，重视民主，较好地创设具有一定的教育性、开放性的"硬文化"环境。

（一）班级环境建设中的"借力艺术"

优美的教室环境有助于培养学生正确的审美观，陶冶学生的情操，激发学生班集体意识。为此，我巧施借力艺术，多元智能地建设我们的"家"。我先借力于学生，鼓励每个学生参与教室环境设计。我还借力于科任老师和家长，请他们也参与班级环境建设的讨论。而后，以小组形式展开"头脑风暴"，进行方案竞选，最终由学生、科任老师和家长组成的评委会选出最适合固定行政班级的建设目标和走班教室的学科特色的设计方案。从设计、评选到制作、张贴，都是借助于学生、家长、其他科任老师甚至是走班教室里其他班级同学的力量。这既充分体现了学生的主体地位，锻炼了学生的组织策划能力和人际交往能力，增强了他们的团队协作意识和集体荣誉感，同时也激发了科任老师和家长参与班级管理的热情，为师师、家校合作打下良好的基础。

大家合力设计出来的教室环境很好地体现了多元化和智能化，既洋溢着勃勃生机又彰显了走班制下教室布置的创新力。教室里摆放了大量的多肉植物，还有自动粉笔机和走班提示板。讲台和后橱都设置了一个"爱心角"，有给老师准备的粉笔套和餐巾纸、给同学准备的备用伞……前后的墙报栏上都精美地规划出各个特色版块，如化学班的反应角、生命科学班的实验角、政治班的热点快讯……作为高三班级，他们还开设了"高考一线报道"和"携手共创未来"专栏，学生可以随时写下自己想说的话，如"一个人并不是生来要给打败的""不为失败找理由，要为成功找方法""你不是一个人在战斗"……

融合多方资源，巧借四方之力，大家齐心创建了一个美观而舒适的学习环境。这样的环境让学生赏心悦目，更有助于激发学生学习的正能量，促进学生奋发向上，增强班级的凝聚力。

（二）班级座位编排中的"自助艺术"

走班制下，学生游走于各个不同的教室，所以座位存在很多不固定的因素。采取以往的班主任指定座位的做法，很难保证学生不会擅自调换，反而更加难以管理。为此我采取了"自助选位"和适当调整的原则，对班级座位进行了一定的编排。

班会课上，我先拿出空白的座位表，让学生圈出自己想坐的位置，并标明理由，如身高、视力、隐私等。接着大家互选同桌。高中生的心理发展处于矛盾冲突期，很容易质疑师长的权威，转而向同伴寻求认同感。同伴对于学生个体的信息来源及日常学习影响越来越大。所以我想借力于同桌的教育正能量，充分调动学生学习的积极性。为此，我让学生在纸条上写出自己理想的同桌名字，每个人写两个，作为第一志愿和第二志愿。根据大家的志愿，如果是两厢情愿就基本满足，如果有的同学有很多人选他，就根据成绩、性格、性别、身高、视力等因素最终确定。当然也有极个别的同学没人选，可以根据他的志愿从其他落选的名单中挑选确定。如果有争议，再征询科任老师的意见，实在难以解决就以抽签的方式做出最终裁定。

这样的排座，看似杂乱无序，实际操作并不复杂，而且很受学生欢迎。每个学生不仅选好自己的座位，而且也相应划定了自己的卫生区。每人负责自己附近的垃圾，这样也保证了班级特别是走班上课班级的卫生。但弊端也是显而易见的，比如，学生自选的同桌，往往是关系较好的，大家坐一起比较爱说话，纪律较难保证。所以在实际操作的过程中还要和大家约定一个"试坐期"，若在此期间有不良影响的便随时调开。座位排定后，我将大家分成四个小组，设定一些项目每周进行评比，评比的结果决定座位的调整。值日班长负责对小组进行记录管理，班长对各组进行记录管理，班主任结合科任老师进行宏观管理。

分组时注意每小组安排各种类型的学生，做到动静搭配、男女交错、优困结合、干群搭配，再根据评分的结果灵活调换。注意消除班级中的"冷板凳"，做到各个角落都是多层面的结合，多方调动。当然，班级里总有特例，有时也要设立"特座"或"宝座"，以培养一些学生的良好习惯和奖励一些学生的突出表现。作为班主任要善于利用座位进行激励，更好地发挥学生的积极性，建立一个蓬勃向上的班集体。

苏霍姆林斯基也说："只有创造一个教育人的环境，教育才能收到预期的效果。"

身处自己精心布置的整洁、美观、文化气氛浓郁的班级中，坐在自己喜欢的座位上和自己欣赏的同桌讨论问题……在这样一种积极向上、温馨和睦中，学生会产生强烈的归属感和幸福感。

整个班级"硬文化"建设过程中，从班级建设的理念构思、方案设定到每一个环节的实施，学生都乐在其中，他们出谋划策，齐心协力，共同建设。其间，学生的参与度高、积极性高，集思广益、敢于实践，充分发挥了"主人翁"的作用。可见，这种民主、开放的方式有利于促使学生自发地加入建设班级文化的行列，使班级文化的建设与学生的发展构成积极的互动，进而取得事半功倍的效果。

二、虚设留白，重视多元，加强班级"软文化"建设

建设好班级的"硬文化"只是给班级搭好了一个外壳，而班级的"软文化"建设才是班级真正的核心建设。所谓的"软文化"，是一种"隐性文化"，包括制度文化、观念文化和行为文化等。它是班级的灵魂所在，是班级生存和发展的动力，是一种潜在的教育力量。

走班制模式下，学生相对分散，集体意识淡化，班级凝聚力较弱，班级软文化建设面临着诸多新的挑战。因此，只有致力于建立适合"走班制"教学的一套科学、合理、完备的管理、评价制度，才能化繁为简、举重若轻。

（一）班级制度建设中的"留白艺术"

班级制度建设包括各种班级管理目标、策略、规则等。这种制度建设要尽量合理、科学、有效。走班制下，固定的行政班级和走动的学科班级两种形式共存。学生上课时分时合，不少学生并不在自己的行政班主任所在的教学班上课，这给班主任的班级管理带来了极大的挑战。为此，走班制下，班级管理更要施巧劲，恰当地运用"留白艺术"，以成大效。艺术创作中的留白往往使得艺术更加意趣横生，班级管理中的留白，也会使得班级勃发生机，班级环境更加民主和谐，学生的主体意识更加凸显。

在以往的班级管理中，都是班主任一人主导。不仅劳心劳力而且不易得到学生的认同。为此，我尝试着放手，巧设留白。先是组织班委会，拟订班级管理各项事宜的大致"议案"，然后选取不同类型的学生开设"听证会"，再全班分项讨论，最后进行表决。形成决议后，张贴在宣传栏里，自己给自己打分。这犹如一位无声的"监督员"，即使走班下也人散规则不散，它时刻督促着学生自我约束和学生间的相互约束。

有时遇到棘手的问题，学生观点分界明显，我就鼓励他们通过"辩论"的方式，做出决策。学生参与度高，往往能获得意想不到的效果，这也培养了学生的表达能力和思辨能力。

班规由大家共同制订，这样更会得到学生的认可，学生才会自觉执行，才会有生命力和实效性。

在班级的岗位设置中，我鼓励"大家来当家"，采取"竞选"和"轮岗"制，充分调动每个学生的积极性。每人都是"值日班长"，负责班级各种事务，如登记迟到、作业收缴，安全卫生等，不能及时处理的可以求助行政班长或班主任；每个职位定期轮岗，互相监督，相互促进。这样就形成了由班主任、班级干部、学生组成的三级管理网络，人人参与管理，人人又接受管理。

在实施过程中，我们注重学生良好道德素养的自主养成。重疏导，轻惩戒，激发学生行为矫正的内在动力，进而达到良好的管理效果。

另外，我还通过网络平台，就班级问题和学生、科任老师、家长及时沟通，及时发现问题、解决问题，使得班级的很多制度建设可以不断地完善，更有效地实施。班级管理井然有序，班风正、学风浓，师生关系也更民主、和谐。

可见，在班级管理中恰当地虚设留白，可以引导学生进行自我教育、自我管理，从而提高班级管理水平。

(二) 班级评价建设中的"多元智能"

心理学家加德纳的多元智能理论，是对传统的"一元智能"观的强有力挑战。其实每个学生都拥有多种智能：语言、数理逻辑、肢体运作、自然观察和存在智能等。为此，只有树立"智能本位评价"的理念，主张"情景化"评估，才能扩展了学生学习评估的基础，才能给予更科学地评价。

高考改革新制度下，为上海高中生构建了"以统一高考和高中学业水平考试成绩为依据、参考综合素质评价"的多元化考试招生评价体系。这也意味着将大力革新以往只注重考试成绩的人才评价体制。因此，高中阶段的教育需要关注学生自身实际的、可持续发展的道路，给学生提供多样化的培养方向与渠道，让学生可以多些成长的途径。目前，大部分教师对学生评价颇感困惑，多元智能理论无疑会给我们诸多启示。

每个孩子都是独一无二的个体。

我们要善于用"显微镜"和"放大镜"来发现孩子的闪光点，打开视野，多点赏识，多元智能地评价学生，鼓舞和激励学生，从而调动学生自主成长的内驱力。

教育是过程的艺术，没有过程就没有教育。在这个过程中，我们要不断尝试，砥砺前行。走班制下的班集体建设，我们还处于初级阶段，许多地方显得生涩而粗陋。但我深知教师的视野决定了教育的视野！拥有宽容的、多元的、开放的、融合的视野境界的教师，会更凸显学生的主体地位，会更科学地评价学生，让他们能在肯定与激励的评价机制中健康成长。更合理地创设班级文化，让学生的心理状态、思想道德品质等都能受到良好的集体文化氛围的影响和制约。

"软硬兼施，多元智能"，这就是我——一个走班制下努力践行的老师的一点尝试，我将为班级建设的探索继续上下而求索。

参考文献：

[1] 苏霍姆林斯基. 教育的艺术 [M]. 北京：北京教育科学出版社，1983.

[2] 霍华德·加德纳. 智能的结构 [M]. 浙江：浙江人民出版社，

2013.

　　[3] 高峰官. 优化班集体文化，促进班集体建设 [J]. 科教文汇（下旬刊），2009（12）.

　　[4] 安娜. 中学生同伴团体的发展及其影响 [J]. 现代教育，2011（20）.

　　[5] 黄忠. 建设有品味的班级文化 [J]. 现代阅读（教育版），2011（12）.

　　[6] 陈学兵. 班级管理的"留白"艺术 [J]. 中国德育，2005（4）.

带刺的玫瑰，易伤的青春

上海市风华中学　杨　芳

玫瑰虽芬芳，却带刺儿，轻易触碰就容易被刺伤；青春虽美好，却带苦涩，不用心演绎就会折了梦想的翅膀。

高中生正处于青春期，他们心理和生理上都有很大程度上的变化。随着青春心理的萌动，可能出现异性相吸的倾向，可由于缺乏足够的认识，他们有时会做出一些出乎意料的事情。在这样的时候，作为家长和老师如是简单地否定或一味地训斥，往往不仅解决不了问题还会给孩子的成长带来或大或小的伤害。

"老师今天我请假！"

一早就接到了这条看似平常的短信，我心头一紧，因为这是两年来小A第一次请假，而且没解释原因。我马上打过去，手机关机了。我又立刻拨通了家长的电话，家长感到非常诧异，因为早上孩子妈妈亲自送孩子来上学的，而且是亲眼看着孩子进了校门才离开的。

我忙问："周末家里发生什么事情了吗？"

女孩的爸爸犹豫了一下，说："我骂了她！"……

八点左右，女孩的爸爸赶到学校，一见面就给我一张纸条，说他女儿离家出走了，什么都没和他们说，只留了一张纸条，是给我的。我拿过纸条一看："杨老师……我想一个人待几天。"

我忙问究竟发生什么事情，她爸爸很激动地说："这个女儿我不要了，随便是死是活！"

我又安慰道："别急，想办法赶紧找孩子。"

我把班级里她几个要好的同学叫来，大家都不知道这件事情。我请他们想办法联系她，通过电话、短信、QQ、人人网、微信等各种方式传达信息，我相信女孩一定会时不时地开机，希望她偶尔打开手机或上网时能看到我们大家都在担心她。功夫不负有心人，终于有了消息，女孩要求见一位男孩，但只见他一个人。

我顿时明白了，因为这个孩子最近谈恋爱了。按理说，高中男女生互相吸引是很正常的现象，况且两个孩子都很优秀。只是，这段青春恋曲遭到了对方家长的极力反对。短短两个月来，几乎每天都是面临指责、训斥、威吓，双方苦不堪言。

我怕出事，和那个男孩约好，他一个人去，我悄悄跟着他，等适宜的时间再现身找女孩好好谈谈。谁知放学时，男孩一个人先跑了，也留了一张纸条，意思是他不想辜负女孩的信任。我又气又急，只好去他们约定的地点进行地毯式搜索。

我一家一家店面去问，几乎找遍了所有可能有人的地方，四个多小时过去了，我又冷又饿，却始终没有看见他们的身影。我只好不停地发短信，不断地表达我的担心，最后女孩终于同意和我见面。

寒风中，我又等了一个多小时，终于见到了消失一天的女生。我极力平复自己的心情，开口问她："饿了吧，想吃什么？"

她愣了一下，轻声说道："我吃不下去！"

看着她那青涩的脸，我很心疼。这个孩子很优秀，从外地来到上海，克服了许多困难，努力适应新的学习环境，成绩节节升高，在年级里名列前茅。作为班长，她为班级里做了很多事情，每次选举都几乎全票通过。大家都很信任她，喜爱她，以她为榜样。可自从恋爱后，她的心绪被扰乱了，成绩不断下滑。为此，我找她聊过，帮她分析，给她意见。只是感情的事给她带来了不少的困扰，一时半会还不能全心投入学习。

我没有任何的指责，而是始终强调我的担心和心疼，她被说动了，答应我当晚就回家，我很欣慰。等她安全到家后，我才放心地回家，当时已经十点半了。那晚，我心悬着，手机一直开机着，迷迷糊糊中天亮了，好在一夜无事。

但过两天，她爸爸又找到我，说女儿根本不和他们家里人说话，每天放学就把自己关在房间里。怕再出事，我决定再找她好好谈谈心。

正好周五是"三八"节，我约了女生一起吃饭。估计这几天她都没怎么吃好，所以我选了一个她喜欢的地方，想让她好好吃一顿。

吃饭时，我故意聊些轻松的话题，她也慢慢放松了，和我聊了很多事情，有初中的、高中的，有她小时候的快乐时光，也有曾经青涩的初恋……眼前侃侃而谈的姑娘似乎又回到了原先的模样，我打心眼里高兴。

我慢慢地引到和家长相处的话题，先从自己的家庭谈起，帮她分析一个父亲对女儿的特殊情结。又从身边人的情感谈起，告诉她每一份感情都要被祝福，都要听进不同的声音……慢慢地，她也聊起她的家庭。家里人情感过于冷漠，爸爸是家里的独裁者，自己在家里根本没人可以聊天……我仔细听着，也用心观察着。

通过不露痕迹地引导她对家人进行描述，并仔细辨析她对家里每个人的感情，我发现其实她的性格和她爸爸非常像。她很在乎她爸爸，承认爸爸一个人养家很辛苦，爸爸几乎满足她所有的需求……

见时机成熟，我便试探着说："我想请你爸爸一起过来聊聊，可以吗？"

她马上警惕起来说："不要！我和他没话说。"

我笑着说："就这样永远不和父母说话吗？"

她委屈地说："我和他们没话说。"

于是，我给她讲了我小时候发生的一件事，在我的一番话后，她终于答应见他父亲。我马上打电话，她爸爸很激动。

一见面，他父亲就觉得我们选的地方太吵闹了。其实他不知道我是故意选在这里的，一是因为是他女儿喜欢的地方，二是因为这里曾经是他们一家人难得一次的聚餐地方，三是因为这里人多热闹，她爸爸爱面子，火爆的脾气会有所收敛。果然，她爸爸一见她就厉声指责，可一发现周围的人都看他，马上声音就低了下来，我不禁暗自好笑。

经过一番调节，父女俩终于达成了"协议"，快快乐乐回家了。

可是没消停几天，又出事了。女孩突然又不来上课，我心惊，以为又闹离家出走了，忙打电话联系，谁知她爸爸又爆出一则"惊天新闻"，男孩提出了分手，女孩悲痛难忍，说再也不到这个学校了，因为再也不想见到那个男孩了。

第二天，她没来；第三天，还是没来；第四天……一周过去了，座位依然空着，我的心也一直悬着。

趁周末，我和她爸爸约好，再和她聊聊。

这次挑的地方很安静，环境很好。一见面，我发现孩子明显消瘦了，只是语气很肯定，坚决不再回学校上学。我摸摸她的头，轻声地说"我知道你很难接受"，她顿时软了下来，满怀委屈。我表示很理解她现在的感受，给她讲了几个故事，告诉她一个姑娘无论什么时候都不能没了自己，只有努力做好自己，才值得更多的更好的人欣赏自己，喜欢自己。就像孙俪的一句广告词："每上一个台阶都看到一个更棒的自己！"女孩重复着这句话，用心地感悟着。

后来，总算雨过天晴了。我私下拜托班级里和她要好的同学多帮帮她，多开导她。女孩逐渐地走出了阴霾，恢复了以往勤学好问的状态，上课极为认真，成绩迅速提升，阶段考名列前茅。还和大家一起积极策划班级活动，每天绽放着笑容，处处散发着青春的光彩！

在这个案例中，我觉得有几点值得反思。

首先，家庭教育要多点理解，加强沟通。其实，青春期的孩子往往很敏感，时常会感到或担心外界忽视了自己，所以会采用各种手段、方法来确立"自我"与外界的平等地位，会表现得很叛逆，常常会做出一些令人揪心的事情，如离家出走或自杀、自残等。青少年之所以产生叛逆心理，是因为青少年的心理随着这个年龄段自身的变化而变化，第二性征的出现给他们的心态造成了冲击，他们面对自身的变化常常感到不知所措，从而产生了浮躁心态和对抗情绪。他们不喜欢一本正经地说教，大人的批评常常引起他们反感和愤怒，他们或沉默或反抗。如果不找到问题的根源所在和相应的措施，那么后果将不堪设想。因此，作为家长，要放下姿态，学会倾听，尝试理解，用心沟通；要适度尊重孩子的个性和情感，学会了解和欣赏他们的观点和看法；要宽容自己的孩子，尽量发现他们的进步和优点；要关心孩子的成长，多和他们平等地交流；要适当地表达自己的爱，对孩子应循循善诱，而不是一味地批评和责骂。作为家长也要注意学习，要学着和孩子一起成长。

其次，学校教育要多点引导，加强疏导。对于青春期的孩子，一定要注意进行正面引导，要帮助孩子正确认识随着年龄的增长，异性之间的相互吸引是很正常的，引导大家正确地对待自身的变化；要尊重和善于发现每一个学生的成长足迹，给予学生适当的鼓励和支持，引导大家更顺利地走好青春每一步；要努力学习心理学，积极融入学生的生活，给予他们更多心理上的疏导；要学着做学生的朋友，努力做一个值得学生信任的人。

再者，社会教育要多点监管，加强保障。我们社会上一些场合和信息传播的途径都缺乏相应严格的监管，导致青少年轻易接受到各种因素的干扰，受到很多不良信息的诱惑，缺乏健康的生长空间，如黑网吧等开放性娱乐场所，还有网络上各种各样的不良信息。有关部门应加大监管力度，完善对青少年健康成长的社会保障。

　　早恋是一朵带刺儿的玫瑰，处于青春期的学生常常会被它瑰丽的色彩和迷人的芬芳所吸引，会情不自禁地去靠近、去触碰，但也常常会被无情地刺伤。所以警记，玫瑰虽美，带刺儿；青春虽好，易伤！

殷 夫
——民立的一个独特符号

上海市民立中学德育团队 姚伟国、
马婷婷、尤蕾蕾、孙鸿欣、马栋梁

殷夫是从民立中学出来的，他是一个诗才横溢的青年，善于选用与内容相和谐的艺术形式，善于运用生活经验来写诗，以丰富的形象表达强烈的感情，敢于创新自成一格。鲁迅曾这样评价殷夫的诗："并非要和现在的一般诗人争一日之长，是有另一种意义在。这是东方的微光，是林中的响箭，是冬末的萌芽，是进军的第一步，是对于前驱者的爱的大纛，也是对于摧残者的憎的丰碑。一切所谓圆熟简练，静穆幽远之作，都无须来作比方，因为这诗属于别一世界。"

始建于 1983 年 5 月的殷夫纪念碑

2005 年 9 月建成的殷夫纪念广场

为了纪念这位著名左联烈士、伟大爱国救民校友，传承殷夫的优秀品质，民立中学每年都要在春暖花开的季节里举行"殷夫文艺节"，至今已举办了 33 年。

一、顶层设计

赫尔巴特认为，教育分为"可能的目的"和"根本的目的"，教育根本的、最高的目的在于德育教育，教育可能的目的是培养人多方面的兴趣。他认为，直接追求道德上的结果往往是无效的，而是要主张通过培养人的多方面的综合兴趣来等待自然的心理成熟来形成人真正的美德。人们首先应通过扩展了的兴趣来改变个性，必须使其接近一般形式，然后才可以设想个性有对普遍适用的道德规律发生应变的可能。

杜威认为，教育就是经验的改造。经验是儿童在环境中主动地运用智慧和理性，在经验的过程中儿童获得了认识、情感、意志等理性或非理性等方面全面的成长。而教育就是要充分尊重儿童的身心发展条件和水平，顾及儿童兴趣，提高儿童参与教育过程的积极性和主动性，同时要创设外部条件，使儿童乐于经验并使其经验更具有价值。

正是基于对于经典教育理论的思考和践行，围绕"勤学以至博笃行而达雅"的校训，民立中学每年举行为期一个月的文艺节。通过为学生搭建舞台，鼓励每一位学生参与和体验，培养他们的主动性、自主能力以及多方面的兴趣，进而形成正确的价值观、健全的人格和崇高的品德。

可见，培养学生的自主性让学生自己去经历以及创设丰富的活动引出他们多方面的兴趣是学校贯穿于文艺节所有活动的两个着力点。

二、两个关键

1. 自主自办

按照惯例，文艺节由每年的高二团委学生会总负责，初中学生会协助。这是考虑高中学生组织和管理能力相对强，且高二学生既有高一参与学校活动的经验，又不像高三面临高考。至今，殷夫文艺节已经形成了一套成熟的由学生自主、自办的操作流程。

（1）主题及活动确定。每年文艺节之前学校相关负责老师要与学生会商量确定文艺节主题，以学生主导、教师配合制订文艺节的活动方案，全部比赛内容均通过问卷调查学生意向，并与学生代表讨论确定活动的时间和要求。

（2）开幕式由团委学生会负责，在升旗仪式举行，由学生代表介绍当届文艺节专场活动并宣布开幕，专场活动分学校活动、年级活动、个人才艺展示三大板块。由各班级竞标承包比赛专场，除了一些传统专场之外，每年还会根据主题做相关调整，每一位参与文艺节活动的学生都能获得相应的分数，最终个人得分累计并到班级分。

（3）学生会筹划闭幕式，各项专场优胜奖汇报演出，揭晓文艺节总分前六名的班级及专场优秀组织奖的获奖名单。

2. 活动丰富

为适应不同年龄层次学生的特点，让文艺节活动更加贴切、整合，从2011年即第26届文艺节开始，学校增设由各年级组学生会负责的年级活动专场。初中年级以参观为主，走近艺术，适当安排一些艺术表达和创造活动；高中年级除了每年都举办合唱比赛之外，还会组织具有传统民族特色的艺术赏析、鉴赏。活动编排时会进行有机地设计、层层递进，即集体合作与个人表演的不同方式；有相对安静的书法、篆刻类活动也有张扬、动感的舞蹈、歌唱比赛；把传统、现代、国家、地区、社区、校园的元素、热点结合进文艺节；有才艺、有勇气的学生有发挥自己特长的舞台，其他学生有在台下欣赏、思考、评论、接近文艺的空间。

三、学生受益

殷夫文艺节已经成为民立中学的校园文化，在潜移默化中成为学生们深刻认同的思维方式和行事习惯、并从中受益。

1. 学会学习

在崇尚维智训练的今天，学生和家长都难以摆脱对应试教育功利的追逐，学校和教师虽无力改变大环境，但却深刻感受着"应试教育"造成学生的精神内涵失落以及知识的碎片化。而事实上，人类能够运用的知识是一个从陈述性的是什么内化隐性的认知结构和方法论体系。而殷夫文艺节恰恰为学生创设了一个自主重组知识、运用知识的舞台。

每年文艺节都有外出参观的活动，如参观中华艺术宫。这类参观并非漫无目的、走走形式，而是在参观之前语文、历史、美术教师与学生充分协作共同设计任务书，学生进入一种主动的学习状态，且明确分工、齐心协力、合作学习，往往有的同学负责观赏和记录，有的同学负责引导参观路线，有的同学负责随行讲解，有的同学负责摄影。学生带着明确的目标和前期准备浸润在现场的艺术情景之中，感官体验和情感震撼与头脑中已有得知识自然交融，提升的不仅是学生的审美能力，更是新、旧知识联合的良好契机。在参观之后，学生还会通过班会或者作业来对知识的习得进行反思、总结。如之前文艺节中走进水墨世界、中国篆刻艺术欣赏，让学生美学赏析的同时综合运用历史和文学知识。

经过多年的积淀，民立中学的师生已经习惯于享受这一文艺濡化的过程，很多活动在设计时教师和学生都会有意识地创设机会对学科知识进行巩固和运用。同时，学生在文艺节中参加各类活动的经历也会给他们一种以"实际运用为目的"的跨学科整合的新视角，让学生感受分数之外知识学习别一种价值，提高学生综合素质和文化艺术修养，弥补"应试教育"下学生知识结构的单一和缺失。

2. 敢于表达

殷夫文艺节是为全校学生搭建的一个舞台。

首先，肯定学生个性化、多元的文艺倾向。每届文艺节都有一个文艺之星评比，特设给那些参加三个及三个以上专场的同学，组委会将根据报名者各专场的参赛名次评出文艺金星、银星、铜星及各专项奖，获奖者将有机会参加文艺节闭幕式表演。

其次，鼓励每一位学生都在此过程中有所展示。文艺节越来越关注那些没有突出艺术特长学生的参与面。从第 26 届文艺节开始在学校统一活动和个人才艺展示的基础上增设了年级活动板块，这一板块以门槛较低的集体艺术活动为主，让没有艺术专长背景的学生能够参与进来、有所作为，逐步体会到文艺不遥远，它们是让生活更美好、更闪亮的有机组成，从而进一步鼓励这些学生自我挖掘和培养艺术兴趣。

再者，文艺节营造了有规则竞争项目鼓励学生参与。比赛专场往往要过五关斩六将层层筛选，如颇受学生欢迎的校园歌手大赛，比赛分初、高中专场，个人或组合皆可，初赛以清唱方式选拔，复赛阶段可使用伴奏，经过初复赛最终选出的十大优秀选手在文艺节闭幕式"校园歌手大赛总决赛"中进行第三轮角逐，届时学生、教师和应邀家长共同评分。

学生在文艺比赛中面对的压力与考试的压力相比有过之而无不及。在高压下，学生能学学会抗压、排解压力，形成良好的心理素质。这样的活动让学生的表达表现更加规范、需要更多的勇气，也收获更多的自信。学生的成就感将转化为他们继续努力的驱动力，激励他们取得更大的进步。

3. 崇尚创造

正如德国著名教育家斯普朗格曾说："教育的最终目的不是传授已有的东西，而是要把人的创造力量诱导出来，将生命感、价值感唤醒。"关注学生的创造能力的培养是殷夫文艺节的活动的宗旨，这既是对我区走向个性化大课题的回应，对"应试教育"导致学生创造性缺失的补偿，也是学校教育人的终极性使命。同时，任何艺术活动都是机械练习与创造力的完美结合。无论是哪一种艺术学习都需要通过不断努力以及长时间的练习来习得和保持一种技能，现代心理学已经研究证明，在某一领域专家与新手的区别之一就在于是否接受千百次训练能够纯熟、有策略地运用相关技能。

因此，学校顺应社会的需求的变化培养高质量的人才时，首先要让学生具有创造的意识，以创新为荣。比如，每届文艺节都要在学生中征集节标，采取艺术组特约设计与班级推荐相结合的方式，要求新颖独到，有丰富的内涵，外观简洁、美观，突出"勤学以致博，笃行而达雅"的"博雅"校训，并结合当年文艺节的主题，通过手绘亦可电脑制作。由评委评出最优秀的作品作为本届文艺节的节标作品授予证书，而其他优秀的节标设计方案也将在橱窗中展出。

同时，学校也必须让学生认识艰苦的尝试和训练的价值，这是获得创造能力的前提，也是成功品质的重要方面。不同于认知领域知识的机械反复，艺术活动中技巧训练，不仅不会损害学生的创造性，反而会为帮助学生尝试新事物、多角度考虑问题，会为培养更高层次独创性奠定基础。在文艺节中，无论是时装秀的走步、班级合唱、书法绘画比赛，无不需要学生反复地排练，倾注汗水精益求精，这些训练不但没有让学生厌烦、呆板或禁锢思维，反而磨练了他们的意志力、增强了信心，成为日常学习的动力和催化剂。

4. 乐于合作

通过参加殷夫文艺活动，学生不仅发现了自己独特性的兴趣和特长，还学会了个体与他人的沟通方法——合作。合作是现代社会对复合型人才的要求。同时也在学生的记忆中留下一段美好的成功合作的经验，这是学生社会性成长的重要契机。

殷夫文艺节是由学生自主筹划、组织、实施、收获的学校活动，充分体现了各种形式的合作，从而形成了个体、班级和学校的归属感和核心价值。第一，个体与集体合作。所有活动都是以班级为单位推选，个人的比赛成绩都会记入班级分数，因此每位代表选手的背后是全班学生的期待和努力。第二，个体间合作。比如，每年都要举行的闪亮拍档，每班选出一组双人搭档参赛。学生与学生、学生与老师或学生与家长，共同创造一幅画在T恤衫上的图，从立意构思、色彩搭配、穿着效果方面进行评价，并在闭幕汇演上闪亮走秀。第三，集体间合作。开、闭幕式及各项比赛在班级之间的协调、沟通，在这个过程中，学生无论是参赛者还是幕后英雄，都会自然而然去学习律己、宽容、守时、倾听理解、分享智慧、尊重他人等合作的素质。

倾听、虚心接受他人的评价是与人际合作密切相关的另一项重要品质。一方面，在学校传统的学科课程学习中，提问回答、作业和考试的反馈往往是非对即错的明确结论，没有中间地带，也没有可改变和创造的空间。学生已经习惯于刻板地为每一个问题找到一个正确的答案，而艺术的赏析、品评则打开了学生们思想的各种可能性，使他们的视野更广阔、深远，从而为自我超越提供方向。另一方面，重视、学会倾听和思考他人的反馈，以及学会消除接受批评后的负面心理影响，是人学会共存和相互学习、不断进步的重要前提。我校学生在参加文艺节个人比赛或集体活动的过程中接受到同伴、教师、家长的"评头论足"，这不仅激励他们技艺精进，也是促进他们心理成熟，培养百折不挠的韧性和意志力。

5. 关心社会

文艺以抽象信息并借助人的感官来激发各种情绪以传递知识。由此，与文艺活动相关的知识和能力形成了相互关联、相互强化的多维整体（综合性知识团），且在不同情境中能使人立刻调用，知、情、意相结合给予学生强大的行动力量。教育能借助文艺的力量培养一种与智力相结合的健全人格和品德。正如伟大的马克思说过："教育绝非单纯的文化传递，教育之为教育，正是在于它是一种人格心灵的唤醒。"

一直以来，殷夫文艺节都是民立中学培养学生道德的"脚手架"。在文艺活动中，如音乐欣赏、诗歌朗诵，学生们往往会形成一致的反响和共鸣。这种情感扎根、沉淀于他们的思想深处，潜移默化地对他们形成持续、积极的启蒙和教诲，成为学校传承民族文化、培养学校价值和发展社会凝聚力的雏形。殷夫文艺节每年的主题均会融入国家、社会、学校当时的某个发展热点，比如，2008 年将奥运精神引入校园生活，2009 年"绿色学校"理念，2010 年迎接上海世博会召开，2013 年的主题是迎接民立 110 周年校庆。活动设计在设计时会注入传统民族、革命历史和社会时事等元素，从而对学生进行爱国主义、集体主义和社会主义教育。

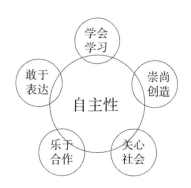

殷夫文艺节学生影响环

四、展望未来

正如本文开始鲁迅先生对殷夫诗的评价，殷夫艺术节对于民立学生的影响并非在考试成绩上与他人"争一日之长，是有别一种意义在"，让文艺成为学生终身生活的伴侣、情感的寄托、思维的方式和行动的力量，让学生成为一个博雅的人、自信的人、平和的人。

明年正值殷夫文艺节34周年。从短期来说，进一步总结，将大数据、信息化手段融入艺术节之中，整合学校、校友、社会多方面资源，为学生们搭建更有时代气息、参与面更大、影响更深远、内容更适切的活动是下一步的工作方向；长期而言，我校将基于民立中学师生共育的浓厚文化氛围，把殷夫文艺节打造成一个学校品牌，在静安、在上海乃至全国扩大影响。

体验写真史知史修内涵

——记传承红色血脉的"公民写史"活动

上海市民立中学　王敏皓

对于学生而言，"寻根"是一堂不可或缺的成长课。寻找和父辈、祖辈的亲密感，重新面对过往，知道自己"来往何处"，追溯社会、国家的光荣历史，在历史的纵深和世界的广阔中找到自己的坐标，思考生活的意义和未来的走向，这些是每个青少年认识社会、塑造人格的必经之路。

学生作为普通公民，通过对历史时间的追寻和叙述，让历史呈现出更加立体和丰满的面貌，可弥补已有历史记录之不足，充实个人史、家庭史、学校史、社会史等角度的研究素材。通过追寻我们的祖辈在这片土地上的生活轨迹，去见证中华民族的辉煌荣耀和苦难沧桑，写史成为中学生走向成熟的文化起点。

上海市民立中学是静安区开展"高中生公民写史"的试点学校。活动定位于区域课程体系，意在给高中生创造一个课程的时空，让他们自由地学习，在写史过程中有快乐的体验和有存在感地收获。

中共二大会址坐落于成都北路上，是学校周边区域中一个重要的红色场馆，和学校有长期馆校合作的历史。在志愿者活动、团队活动、主题活动中，学生们多次走进这家红色场馆，被馆中丰富的历史馆藏，浓厚的文化积淀所折服。有一些学生担任了中共二大的义务讲解员，他们从最开始的面试，到培训，再到接待参观者，对二大的历史有了一个从陌生到熟悉的过程。双休日，他们接待的大多是单位组织的游客，少则十几人，多则有近百人，但是自己来参观的人却不多，且大多是上了年纪的老者，在社会实践的过程中，他们开始思考这段红色历史为什么没有在年轻人的群体中掀起波澜，于是，《飞鸿缘沪》这个课题研究实践项目就应运而生了。

一开始，学生们的研究方向很模糊，想研究二大石库门建筑的历史，也想研究展馆展示的这段特殊的历史；想分析年轻人心中红色场馆的前世今生，更想唤起更多人走进红色场馆的热情。指导老师充分听取学生的意见，推荐学生加入学校专门开设的"公民写史"校本课程，学习修史的原则与写史的技巧，并且邀请华东师范大学历史系孟钟捷教授做《口述史的方法与书写》的讲座，邀请二大的负责老师为学生介绍场馆的变迁发展，通过一次次参观、访谈、修改，最终学生明确，通过对二大人文历史方面的调查，了解当今人们对于二大相关人文历史的看法，从而分析得出在各类不同的人眼中不同的二大人文历史。

目标明确之后，便要展开研究了。学生要将课堂中理论的学习真正拿到实践中去运用。于是，学生们一头扎进图书馆，从文字学习开始，梳理出相关的历史脉络。他们在业余时间，制作了调查问卷，走上街头去采访；调查了二大纪念馆的工作人员、自己的家长、住在周边的居民等。为了更好地获得信息，他们还在网上进行调查，在论坛中开展讨论，获得了许多珍贵资料。渐渐地，研究内容丰富了，研究视角明晰了，这座红色场馆仿佛立体了起来。其从历史中走来，带着沧桑，也带着重生，展现出自己的风姿，等待更多的人去接近、去感知。

中共二大会址纪念馆的历史价值有目共睹，但是一如所说时代变迁迅速，现代社会的人们或许心中依然敬重这一份历史，但是更多时候人们注意到的已经不再如以往一般深刻，通过采访参观者们发现，大多数参观者都是通过组织而来的，甚少是自发行为。

来参观后感觉上是略有收获，但是询问后发现大多数收获体会都是浅层停留于表面，更有许多眼过即止。在网络上的问卷中，17 人中有 6 人未曾涉足过二大会址纪念馆，大多数参观过的人也都是经过组织后进行参观，对二大的宣传形式、活动内容都甚少了解。

好在这样片面化的对于二大会址纪念馆的了解、参观中，大多数人表示会向孩子与身边人宣传红色文化，这既令人欣慰有足以令人痛心。中共二大会址作为中国共产党发展历史上非常重要的一次会议，值得让人们了解其背景、文化、政治内涵。建立中共二大会址纪念馆不仅仅是为了纪念、更要让人们去踏足于其中。藏品就在馆中，不会离开，只是缺少人的思想对于展品的拂尘欣赏。

在网络上，二大会址纪念馆还是热门景点和爱国主义教育基地，在评论栏里却常常有如此评价："参观二大会址的人不多""陪着弟弟一起去了，没什么初衷也没什么收获""顺便兜个淮海路吧，交通还算方便，有时间可以进去看看，不必特地去""就一栋老房子，没什么意思"……甚至常常有评论会将二大会址和一大会址搞混。

查阅资料过程中，学生们也发现有如此情况。许多相关历史书籍对中共"一大"发展及经过有详细描写，对其背后的故事也有相关书籍进行补充，最多可达两页阐述，而翻阅至下一页时，对中共"二大"的描述可谓是只剩下区区几行，一笔带过其成就——通过第一部党章——便划上句号。这个现状令人担忧扼腕。其实中国共产党建立初期的几次会议，都有其深刻的历史价值、人文价值，值得仔细推敲，配合当时的历史进行分析总结，更可以从其背后挖掘参与会议的人物的故事。

中共二大会址纪念馆坐落于一座石库门建筑中，此处的辅德里及其周边大沽路附近都可以说是红色革命的身份名片。这张名片上的多重身份的所在地大多以辅德里为中心并向四周扩散。在近代上海这样一个相对开放的环境中，中外各种政治团体和组织都被吸引到这里生存发展，弄堂住宅也为各种秘密的政治活动提供便利。实则不仅是在困苦环境下坚持斗争的共产党人，矛头针对清政府的革命党人、从事反日独立活动的韩国志士，都在上海的弄堂里进行着不屈不挠的斗争。

　　而旧时上海的里弄，多半会取一个吉祥和谐的名字，其或隽永，或深邃。翻遍史书，也可以发现那些涅槃着飞鸿的弄堂名字都深藏玄机，亦可谓是历史的累累硕果，一如锐进学社所在的"良善里"、秘密电台所在的"合庆里"。

　　而在机缘巧合之中，中共一大召开的地点叫作"树德里"。树德里、辅德里，相辅相成，相映成辉。这两个熠熠生辉的名字又似乎在冥冥之中暗示着什么。一"树"，树立起一个拯救中国的党派——中国共产党；一"辅"，完善党的建设，明确提出反帝反封建的民主革命纲领，通过了中国共产党第一部党章和《关于党的组织章程决议案》《关于"民主的联合战线"的议决案》，指出："我们共产党应该出来联合全国革新党派，组织民主的联合战线，以扫清封建军阀推翻帝国主义的压迫，建设真正民主政治的独立国家为职志。"

　　"辅德里"实则也是一个中心扩散点，它虽然是辅助"一大"，完善"一大"，但依然是一个辐散中心，点燃革命精神的中心，革命人物汇聚而奋发的中心。二大与一大相辅相成，一"树"一"辅"，共同哺育出一只飞鸿，在树德里与辅德里饱满翅翼，最终自沪翱翔四方。也许对于许多人来说，"辅"远不及"树"，孰可知，无"辅"，飞鸿也不可有巢而依，从而翱翔四方。

　　学生们也将自己的研究心得贯穿落实自己的社会实践活动中，在担任二大义务讲解员的时候，在接待不同的参观对象的时候，他们将这段历史和这座建筑背后的红色基因娓娓道来。这座场馆，对于军人来说，是党的教育，是他们所奋斗的团队之所在的历史，特别是对于老兵，更是属于自己历史记忆的存放点，点滴都能和自己的"当年"息息相关；对于企业工作人员，是让他们学习奋斗与坚守的地方；对于学生，是他们学习的历史之具体呈现；对于千里迢迢来到上海的少数民族同胞们，纪念馆更是拉近各族同胞距离的最佳场所。

　　随着研究的深入，学生们体会到重视红色场馆所蕴含的人文价值的人越来越大，中共二大会址纪念馆的宣传越来越走进日常百姓的生活，纪念馆中的活动也很丰富，更多人不再单纯为了了解历史而来到这里，纪念馆正在逐步演变成为一个"修养身心"的场所。

走进馆中的人，花越来越多的时间在理解其内涵上，询问的问题不再停留于表面，更加深入与全面，有更多的人问及这座建筑本身的历史，参与会议者的轶事，二大影响下发生的重要变革，与一大、三大之间的联系。走出场馆的人，越来越多自发地主动地发表自己的看法，也能意犹未尽地走进延中绿地，在抬头颔首间品味独特的上海革命精神的魅力。

在辅德里外墙的门楣上刻有"腾蛟起凤"四个字，它出自唐代大诗人王勃的千古名篇《滕王阁序》，冥冥之中，它也仿佛在昭示着党的事业像蛟龙腾飞，凤凰起舞。在那个时代中，无数的斗争从此而起，无数的思想在幽深的弄堂中穿梭，在每一扇漆黑大门的背后都是一份新的希望，人们就是把这样的希望寄予明天，在今天奋斗，在明天收获。

如今，"辅德里"将继续传承它的人文价值，这代表着时代奋斗象征的二大会址纪念馆会不断地修缮，更多它背后的故事也会再一次走进我们身边。在无尽的岁月中，纵使时光荏苒，中共二大会址纪念馆日后一定不会仅限于其本身，而将会以其独特的魅力，让此飞鸿传扬更广。

书写历史是不易的，学生们能够运用现代网络技术，秉承着实事求是的态度，用真情写史，用真实思考，具备了一定的修史眼光。当然，由于时间和精力的限制，课题研究还比较浅显，眼光还不够全面，但是它的价值在于以二大历史文化探究作为切入点，深入了解这段历史的内核，唤起人们的红色记忆，引领更多的年轻人走进红色场馆，去感悟历史的美感。

公民写史，是公民自己的史学解读与书写。伴随网络新媒体的发达，催生了越来越多人参与写史的意愿。而对高中生来说，参与这一活动，可以激发他们对历史的兴趣。利用在历史和其他学科中所学到的知识，进行跨课程的实践，使学生能更好地对知识进行理解和运用。

民立中学"公民写史"实践活动在设计时，以寻找自我定位、整合运用知识、培养家国情怀、提升高阶思维作为目标，结合语文、政治、地理、历史等相关学科推进，尝试跨学科合作，指向学生综合素养的全面提升，强化和注重学生在公民素养、人文素养、道德素养和学科素养等方面的发展，并与学校已有的活动进行有机整合。

社会参与是中国学生发展核心素养中重要的方面，它要求中学生能学会学习，有责任担当，会实践创新；要求学生进入社会的大课堂，将学习形式变得更加开放和自主，从而将学生从一个学校人变成社会人。

由于公民写史活动的内容是开放的，可以是对特定领域、特定方面的研究，也可以是跨学科、跨领域的综合应用；实施形式多样，组织过程强调学生积极参与，获得亲身参与实践的积极体验和丰富经验；评价方式多元，注重对学生表现的过程性、真实性评价。高中学生可以根据自己的个性需求、认知水平来理解历史，多样化、个性化地体现学生对历史理解的丰富性。这与提倡个性化教育不谋而合。

学生与指导老师利用课余时间和寒暑假等假期，整合学校的志愿者公益劳动与社会实践等内容，积极深入调研，汇聚资料，多彩展示，凝聚了师生共同的智慧与汗水。学校还特别聘任校外专家，担任写史活动的辅导员，让活动更加具有针对性、务实性。

在老师和专家的指导下，学生们运用"史由证来，证史一致，史论结合，论从史出"的历史研究方法，通过基本的调查、文献研究、采访寻找历史素材，通过分析、归纳和思考，形成自己的历史视角和观点。同学们可以写家史，编制个人历史的经纬，也可以写学校史、地方志、国家史、人物传记、学科发展史、物品发展史，将写史融入学科的学习之中，以历史研究为工具，以小见大、从点到面、从微观到宏观，把某一个历史片段融入更大的社会历史背景之中，体验历史的潮流、趋势，体会历史发展的规律，培养独立思考能力和创新意识。

历史为骨，以笔添翼，民以写志，文字留痕。

让红色基因扎根心底，用红色文化"团"起青年

——新时代背景下团委工作的思考与尝试

上海市第四中学　朱思蓉

中共十九大开幕式上，习近平总书记指出，中国特色社会主义已经进入了新时代，我国社会主要矛盾已经转化为人民日益增长的美好生活需要和不平衡不充分的发展之间的矛盾。中国共产主义青年团作为中国共产党领导的先进青年的群团组织，应当团结青年，引领青年，凝聚青春力量，做好党的助手和后备军。因此，我们的工作也要积极适应时代的发展和青年的需求。

红色精神催人奋进，红色基因能激发力量，只有真正让革命精神根植于孩子们的心中，才能让青年一代不忘初心，在为实现中国梦努力奋斗的伟大征程中劈波斩浪、乘风前行。对于当今的青年来说，需要理解和信服才能使这种理想信念扎根于青年心底，从而为之奋斗终生。故而，要真正"团"起青年，需要我们在日常工作中有所突破。经过一段时间的思考与尝试，我发现，扎实的理论学习、生动的实践体验、再加上与时俱进的呈现形式，可以增强团的吸引力和凝聚力，真正将红色基因扎根心底。

一、理论学习，坚定信念，树立红色理想

我们的国家要上进，我们的民族要上进，就必须大兴学习之风。青年人正处于学习的黄金时期，通过理论学习，能够帮助青年理解政策，从而形成正确的认知和务实的判断，树立中国特色社会主义道路自信、理论自信、制

度自信、文化自信。

（一）共青团校扎根红色信仰

每位入团积极分子都有三个月的培训考察和八个课时的团校学习，学习内容由我校团课教工团的老师们讲授。通过建立问题链，如以"思考共产党和共青团的关系是怎样的"来引出"共青团员有哪些义务"，可以使积极分子的理解更为系统、全面。另外，可以结合当前政策的解读来激发积极分子的思考，如"从严治团"背景下严控团员人数的政策，让积极分子了解"严控"的用意在于严把入口关，从而增强共青团员的先进性和光荣感。类似这样的解读可以帮助积极分子们理解政策。在理解的基础上，他们对于共青团的制度和政策更加信服，入团的动机也更纯粹，信念也更加坚定。

（二）青年党校确立红色志向

共青团作为党的助手和后备军，肩负着为党培养和输送人才的重任。我校开设了青年党校，由学校党总支书记和各支部书记为团员中的积极分子讲授党的基本知识，并由团委书记带队参观中共一大会址，让团员中的积极分子更了解党的方针政策和党的历史，更好地向党组织靠拢。培训内容也会结合当前时政，让学员们认识到广大青年应当坚定理想信念，练就过硬本领，勇于创新创造，矢志艰苦奋斗，锤炼高尚品格，激励他们确立鸿鹄远志，脚踏实地做些实事，成为热爱集体、团结同学、思想进步、刻苦学习的带头人。在学校青年党校表现突出的优秀学员也会由学校推荐至徐汇区中学生共产主义学校学习。

二、仪式活动，走近历史，不忘红色初心

（一）参观考察，走近峥嵘岁月

展馆的参观和重要红色历史遗址的考察是非常重要的活动，我们带领学生翻开历史的教科书，走近这段峥嵘岁月，就是为了守护一代代青年的追梦赤子心。"带着党章初心行"是青年党校学员们的必修课，由团委书记带队参观中共一大会址。我们党从这里诞生，从这里出征，从这里走向全国执政。这里是我们党的根脉，红色精神就从这里开始，代代相传。

带着党章初心行·青年党校学员参观中共一大会址

班级团支部参观渔阳里

各班级团支部也会把握"博物馆日"等节日的契机，由团支书组织班级特色团日活动，前往各大博物馆、革命历史纪念地开展参观学习活动。

2018 年是改革开放 40 周年。值此契机，学生代表采访了区发改委原副主任、原物价局局长严宗浩老师和徐家汇商城集团的原董事长朱广平老师，聆听他们讲述改革开放 40 年来的中国经济和徐家汇商圈的发展变化。这些年来中国的变化孩子们不曾亲眼见证，但当这些故事被一一道来，学生联想到家中长辈，仿佛身临其境，颇受触动。开学后，四中团委还举办了宣讲会，学生代表介绍采访内容，分享心得感悟。我们还带领团员代表参观了上海展览中心"勇立潮头——上海市庆祝改革开放 40 周年展览"。

学生代表采访区发改委原副主任、原物价局局长严宗浩老师

学生代表采访徐家汇商城集团的原董事长朱广平老师

（二）仪式教育，铭记使命担当

"得其大者可以兼其小"，大局意识培养是团委工作必不可少的重要内容。仪式教育是体验教育，有了仪式感，才更能让学生明白肩负的责任，更有大局意识。团干部于清明节到龙华烈士陵园祭扫，缅怀革命英烈，传承中国精神；高一年级开展绍兴商学之旅社会实践活动并举行身份证颁证仪式；

高二年级开展南京爱国之行社会实践活动并举行志愿者宣誓仪式；高三年级前往龙华烈士陵园举行十八岁成人仪式。新团员举行入团宣誓仪式的同时让全体团员重温入团誓词，铭记入团初心，坚定理想信念。

另外，学校的护旗手们有统一的制服。每每换上制服，护旗手们的责任感和使命感就油然而生，步伐铿锵，满目坚毅，给全体参加升旗仪式的同学们带来了神圣感。通过仪式教育，增强责任意识，铭记使命担当。

统一着装，步伐整齐的护旗队

三、多元媒介，丰富形式，激发红色活力

（一）团报团刊，传统媒体传承文化"经典红"

在新时代的召唤下，传统媒体也在焕发新生，团报团刊作为传统媒体的典型代表，依然担负着传承红色精神的重任，且在一代代团员青年的接续奋斗下，传统媒体也有全新精彩，为高中生的文化底色加上了靓丽的"经典红"。

我校团委鼓励各班级团支部在团报团刊中搜集议论文写作素材，将团教育与学科教育相融合。同时，也鼓励同学们模仿着团刊中的文章，寻找身边的事实论据，甚至与新媒体部合作完成微信公众平台的推送，做一回小编辑。

班级团支部开展团刊学习讨论

学生取阅团刊

（二）网络团课，成果共享喜悦加倍"欢乐红"

团日活动有新的打开方式！中国共产主义青年团第十八次全国代表大会上的报告中，共青团中央书记处第一书记贺军科就提到，共青团工作应该要到基层去、到网上去、到青年中去。微博账号@共青团中央、@人民日报 等已经做出了好口碑，微博获得大量明星转发，具有一定的社会影响力。

　　我校团委积极响应团中央在全团实施"青年大学习"行动的号召，对标上级团组织统一部署，组织了形式多样、内容丰富的团员学习活动。其中，"青年大学习"网上团课是一次崭新的尝试。各班级团支部利用每周五放学后的时间，组织团员同学共同完成网课签到和在线学习。大家或在操场，或在教室，围坐在一起，可以实时探讨和分享学习心得。在大家都完成学习后，团支书带领团员同学们将显示着"完成学习"页面的手机摆成各式造型，分享收获的喜悦。于是，一个人的收获就变成一个"团"的收获，一个人的快乐就成了一个"团"的快乐。

网络团课成果分享

（三）抖音微视，新兴媒体寓教于乐"活力红"

　　从博客、微博、微信，到如今的短视频，新兴媒体的不断涌现也是新时代的一大特征。在五四青年节之际，团中央推出了一则手势舞短视频《青春纪》。学生看到后非常兴奋，跃跃欲试，团委便组织同学们进行拍摄，在QQ空间也掀起了转发热潮。青年是社会上最富活力、最具创造性的群体，习总书记曾提出，广大青年要有敢为人先的锐气，勇于解放思想、与时俱进，敢于上下求索、开拓进取。新兴媒体提供了寓教于乐的平台，若能在正确价值观引领的前提下加以恰当地运用，共青团的"红"将充满活力和无限可能。

新兴媒体寓教于乐

四、志愿实践，身体力行，牢记红色使命

纸上得来终觉浅，绝知此事要躬行。"奉献、友爱、互助、进步"志愿服务社会实践让学生将理论投入实践，学生身体力行"为人民服务"，让红色精神融入他们的一言一行，融入他们的日常生活，成了他们生命里的文化底色，他们也为自己的付出感到自豪。

四中每年的志愿服务活动都丰富且精彩，徐汇区税务局、上海电影博物馆、乐缘养老院、沈马居委会志愿服务工作定期开展；田林街道志愿者与柏万青阿姨一同前往田林敬老院开展迎新活动；爱心暑托班、地铁春运、欢乐暑期在美罗、四中杯乒乓赛、管乐大赛、管风琴协会展演等活动中都有四中"爱心人"的身影。学生参与度高，积极热情，志愿奉献，团结协作，锻炼自我，志愿服务也获得主办方的良好反馈。复星保德信志愿奖组委会来到上海四中开展志愿宣讲会，我校多名学生获"璀璨星辰奖"并得到表彰。2019年元旦，50名高中生志愿者参加上海市第二十五届"蓝天下的至爱"慈善募捐活动，帮助他人，阳光自己。

在校内，学生代表体验保洁、保安、食堂岗位服务，向劳动者献花并表示感谢。上海四中团委学生会在开展校际明信片互寄活动过程中，还组织了"校庆纪念明信片公益销售活动"，还有每年的"学雷锋"爱心义卖，所筹善款都会捐赠至上海慈善基金会，为慈善事业贡献力量。

税务局志愿实践

"蓝天下的至爱"慈善募捐

"啄木鸟"语言文字志愿者

功以才成，业由才广。人才是第一资源，红色基因需要传承。青年一代大有可为，大有作为，我们要增强团组织的凝聚和团活动的吸引力，用扎实的理论学习、生动的实践体验，再加上与时俱进的呈现形式，让红色基因融入学生的生命中，成为他们的文化底色，让红色精神成为他们的文化底气！

助力"偶像生成"，担荷时代使命

——男生班特色课程《偶像生成》学习领域育人案例

上海市第八中学　李群华

一、课程背景

2018 年 9 月 10 日习近平在全国教育大会上说："培养什么人，是教育的首要问题。""要在坚定理想信念上下功夫，教育引导学生树立共产主义远大理想和中国特色社会主义共同理想，增强学生的中国特色社会主义道路自信、理论自信、制度自信、文化自信，立志肩负起民族复兴的时代重任。"有坚定的理想信念，才有对党的忠诚。本课程正是在积极回应习总书记对于教育的要求，落实立德树人的根本任务，培养德智体美全面发展的社会主义建设者和接班人而建构实施的。

《偶像生成》学习领域课程是在我校进行创办男子高中特色学校的实践探索中形成的，我校在探索中希望通过高中三年的"智诚教育"，创设"专注、竞争、刻苦、拼搏"的学习理念，希望我们的学生成为具有"忠诚守信、敢于担当、独立思考、宽容睿智"的人。本课程作为男生班四大特色课程之一，正是呼应"忠诚"这一人格底色而开发的校本教材。

二、课程目标

满足和引导男生喜欢模仿和好胜心强的成长需求，树立成长过程中忠于祖国、勇于担当的偶像形象，培育高中男生胸怀天下的广博心胸，培养健康高贵的人生观，以减少娱乐至上的传媒对高中男生的负面影响。

三、课程内容

本课程三年五个学期，主要内容如下：中国历史上的代表人物巡礼，初步寻找、认知、确立自己的偶像；世界环境中的中国、世界代表形象，宏观认知世界与中国，帮助高中男生理解、内化、反思自己的偶像；偶像人生的两难选择、取舍之道，建立自己的价值判断标准，做好自己的人生规划。

课程以短课程的方式实施，具体安排如下。

高一年级：认知（8课时）

巡礼中国几千年文明史中的代表人物，初步寻找、认知、确立自己的偶像。既从理性的高度引导学生认识、理解这些代表人物，又从情感的角度切入，引领学生深入人物的心灵，触摸历史的瞬间，怀着温情和敬意感受他们的艰难抉择；既理解这些中国文化精英们忠于国家，慨然承担兴亡之责的勇毅之志，也真切感受他们怀抱对祖国的赤诚，殚精竭虑的诚挚之情。通过对这些代表人物的熟悉，寻找并确立自己的精神偶像，培育高中男生忠诚于国、挚爱故土的志向情怀。对文明史中的代表人物，我们从"情"和"理"两个角度来选择。

首先，从理性的角度，我们选择了铁肩担道义，慨然承担兴亡之责的孔子、文天祥、谭嗣同和严复，通过呈现这些代表人物生命中最重大的事件、瞬间。比如，孔子知其不可而为之周游列国推行仁政；文天祥忍死求生、九死一生但求报国；谭嗣同甘为变法流血唤醒国人，耐住寂寞，用西方文明烛照中华大地……来引导学生感受他们理性的人生选择，忍受小我的多重磨难，担荷民族的发展使命，进而体会对国家民族强烈的理想信念。

其次，也从情感的角度，体会文明史中的代表人物的风雨故园之情。我们选择了近现代中国那些学贯中西并在民族危亡之际回归祖国、建设祖国的代表。如游历多国，多方学习教育理念，回国整饬建设兼容并包新北大的蔡元培；揭示病态社会，以期疗救国民而决绝独行的鲁迅；冲破重重阻隔，科技救国的钱学森；默默耕耘，长空铸剑的邓稼先……通过走近这些人物的人生选择，尤其是他们个人和家国得失的巨大对比，理解他们的人生选择动力源泉，感受他们对故土的眷念，对国家命运的深切忧患。

第一学期：铁肩担道义（4课时）

（1）知其不可而为之的孔子；

（2）生死选择的文天祥；

（3）以身殉道的谭嗣同；

（4）热情理性的严复。

第二学期：风雨故园情（4课时）

（1）兼容并包的蔡元培；

（2）绝望前行的鲁迅；

（3）冲破阻隔的钱学森；

（4）长空铸剑的邓稼先。

高二年级：内化（8课时）

在对中国文明史中的代表人物有了初步理解后，我们帮助学生拓展眼界，把视野扩展到世界文明史的大背景下。在世界文明的发展进程中理解中国文明史的代表人物所处的文化环境，在世界文明史的坐标体系中重新审视世界环境中的中国、世界文化星空中的中国人物形象。

中西辉映的人类文明史中，我们带领学生溯流而上，走进中西文明的源头，在圣经与易经的对比观照中再读孔子，理解以儒家思想为代表的中华文明的独特性和包容性。在人类历史发展的关键时刻，探究郑和下西洋的功过是非，理解中国面临的历史机遇和巨大遗憾。伴随工业文明和农业文明的碰撞与交融，中国人接触到了千年未有之变局，以张謇为代表的志士仁人探求中国发展的前途命运，他们悲壮的人生展现了一代中国人改变国家的无畏勇气。我们也把眼光放到当代中国那一群小岗村的群像上，理解他们对当代中国的发展意义。在中西文明的碰撞中，引导学生理解中国这些代表人物锐意进取，拥抱变革，改变国家，强大国家的基本立场。通过宏观认知世界与中国，帮助高中男生理解、内化、反思自己的偶像；理解个体命运与国家命运相结合的人生追求，初步建立自己的价值判断标准，尝试思考自己的人生规划。

我们还期望补全一点学生的哲学思辨，带领他们走近群星灿烂的哲学星空，以哲理思辨的眼光审视中华文明，走进希腊，走近西方文化的第一次爆发式发展，理解睿智思辨的力量。我们选择了文艺复兴的科学艺术巨匠——培根，以点带面，了解文艺复兴对人类思想的巨大贡献，而另一只眼看世界的马克思则激荡学生的心田，引领学生面对工业文明中复杂丰富的人与社会，而人本主义者克尔凯郭尔和科学主义者维特根斯坦两位哲学大师感性与理性的激情对峙则呈现多元而丰富的对世界的思辨。通过了解这些西方哲学思想和思想家，进而反观自身，把中国放在世界的坐标中去参看，在这个更大的时空坐标系中审视自己的偶像，引领学生了解偶像生活的历史与哲学背景，深入认知、思考偶像人生形成的文化背景和人格魅力，从而对自我的生命产生新的追问和思考。

第一学期：东西辉映的人类文明（4课时）

（1）文明的源头：易经的智慧——再读孔子；

（2）农业文明时代的中国与世界——张謇；

（3）工业文明时代的世界与中国——郑和；

（4）改革开放时代的世界与中国——小岗村村民。

第二学期：群星灿烂的哲学星空：（4课时）；

（1）走进希腊，走向睿智；

（2）文艺复兴的科学艺术巨匠——培根；

（3）另一只眼看世界——马克思；

（4）感性理性的激情对峙。

高三年级：践行（4课时）

本学年安排在高三第一学期设置课程。在前四个学期的学习基础上，引导学生重新审视自己的心中的偶像，理解偶像的多元化是历史的进步，每个学生都应该树立了自己心目中的偶像。通过对偶像人生的两难选择的体察，理解其取舍之道，建立自己的价值判断标准。通过自我与偶像间的换位思考，理解偶像人生的成长节点，探讨偶像生成的动机原因和情感内涵。

面对生命的终极追问，我们该如何树立自己的选择观，体现自己生命的价值和抱负？我们启发学生参考偶像的回答，如孔子选择治国理想、鲁迅选择救国理想、邓稼先选择科技救国、苏格拉底选择真理信仰、马云选择时代需求，他们的选择，符合时代需要，他们的成功，源自坚持不懈。希望他们结合当今时代需求，懂得自我实现和国家命运相结合来规划自己的人生。

引导学生对"偶像"进行更深入的思考，通过不同角度提炼偶像品质，形成价值认同，并内化为自己的价值观念和行为模式。同时，通过融通"生涯规划"课程的相关内容，引导学生确立自己的人生道德主线，树立正确的社会价值和文化核心价值体系。通过各种实验、游戏和测验，帮助学生更好地认识自我的潜能，找到自我最为热爱的工作。从而做好自己的人生规划。

第一学期：十八岁的求索（4课时）

（1）人生的两难选择；

（2）生命的终极追问；

（3）偶像的初步生成；

（4）自我的人生规划。

四、授课方式

本课程以阅读、思考、辩论、反思为主要学习方式。教师是教育内容的引导者，是激发问题抛砖引玉者，学生是进一步发现问题者和主动探究者，师生是教育内容的生成者。因此本课程以以下授课方式为主：

（1）自主阅读，小组讨论交流；

（2）辩论、演讲；

（3）课外拓展阅读与思考；

（4）写作；

（5）汇报与交流展示。

五、评价方式

学期	评价形式	评价方法
第一学期	电子小报	注重学生的自我感悟，关注过程；从学生的课堂表现、课后阅读、团队协作、作业各方面综合考量；评价等第为优秀、良好、合格、不合格四类；允许并鼓励学生自主创设评价形式来代替统一的评价形式
第二学期	演讲	
第三学期	读书笔记	
第四学期	小组汇报交流	
第五学期	演讲、辩论	
第六学期	自我人生规划表	

六、实践与思考

首先，内容的选择既贴近学生认知水平，又引领、提升学生思想的深度与广度。在历时三年的课程推进中，我们推出的都是一些耳熟能详的人物形象，他们在我们的教材、班会乃至日常生活中反复出现。希望学生能够举一反三，深入理解偶像的精神内涵。我们引导学生体察无数仁人志士探索新的救亡图存道路中，展现当时最为优秀的知识分子的责任感、使命担当和智慧，引领学生思考时代给予他们的限制与遗憾。在世界文明的背景下，我们努力再现"数千年未有之强敌，中国处在三千年未有之大变局"的近代中国的历史背景，在历史的重要节点，偶像们敢为天下先，才能成就辉煌。我们也走进西方哲学，浏览古希腊哲学家群像，解读具有代表性的哲学大师。这些文化巨擘、思想巨匠的人生历程，直接熏染浸润了学生的心田，为他们作为现代公民养成世界眼光和胸怀奠定基础，也为他们未来承担中华民族复兴之责培养文化自信。

其次，立足立德树人的根本任务，着力培育学生正确的价值观。我们引导学生通过体悟偶像们的人生之路，感悟偶像人生的两难选择、取舍之道，正确面对人生的两难选择，建立自己的价值判断标准。学生对照伟人的人生选择，见贤思齐，以贤为鉴，重新审视身边的案例，树立自己的选择观，体现自己生命的价值和抱负。只有价值判断正确，我们才能享受生命的美好，确立生命的目标，牢记生命的责任，接受生命的挑战。这样，才能将职业上升为事业，在生命展开的过程中，在民族伟大复兴的征途上始终保持激情和勇气。

再者，汇集优秀师资，利用教研组力量优化课程落地修正流程。在这样的整体架构设计之下，我校集中了全校文史哲学科和优秀班主任的师资，并一一对应。高一上下两学期主要由语文老师负责，高二的哲学部分则由政治老师领衔、历史部分由历史老师担纲，高三的综合部分则遴选了经验丰富、具有深厚人文素养的优秀班主任承担。他们先深入理解课程整体建构和课程目的、课型的初步构想，然后结合自身兴趣特长，认领适合的内容，开启备课、磨课、上课、研讨、修正，再次备课、磨课、上课、研讨、修正的研究实践之旅。可以说，每一个课例设计都是反复实践反复打磨的结晶，既是教师个体架构课程能力的呈现，也是集体磨课后的精简展示。通过本课程的设计、实施、完善，培养了一支乐于实践、敢于创新的教师团队。

在校本教材的实践过程中，老师们不断探索、不断创新，研究男生成长规律，摸索适合男生成长有效载体；同学们广泛阅读，主动交流，深入思考。师生互动、生生互动逐渐帮助学生树立精神偶像，做好人生规划。在课程的学习和探究中形成切合学生认知水平和满足学生精神成长的课程，同时，师生也在课程学习和探究中共同成长。

红色的起点

——"学党史，感党恩，树信念"社会实践活动设计案例*

上海市第八中学　蔡伟昊

一、设计思路

（一）背景介绍

首先，时代背景。2011 年，中国共产党迎来建党 90 周年；2012 年，中国共产党第十八届全国人民代表大会召开。中国共产党团结、带领全国各族人民战胜各种艰难险阻，谱写了中华民族自强不息、实现复兴的奋斗凯歌。共产党员们为着民族和国家利益而不屈不挠的精神、不畏困难挫折的艰苦奋斗和革命乐观主义的精神、团结协作和敢于牺牲的精神等，已经成为我国民族精神的宝贵财富。

其次，社会背景。黄浦区作为上海市中心城区之一，有着非常丰富的红色社会实践教育基地，如中国共产党第一次全国代表大会会址纪念馆、团中央机关旧址纪念馆、上海孙中山故居纪念馆等。黄浦区教育局也为丰富学生的社会实践活动，给学生办理了一本社会实践护照，为方便学生参观青少年

---

* 本案例获奖情况：上海市中小学生千校万班主题班会活动中获三等奖，上海市学生素质教育活动协调小组办公室 2011 年 6 月；2012 年黄浦区中小学社会实践活动成果征集评比三等奖，黄浦区教育局、黄浦区教育学院 2012 年 12 月。

校外教育基地提供了大力支持。我们应该充分利用好区内的红色社会实践教育基地和黄浦区中小学生社会实践护照，让学生在各类社会实践活动中，学党史，感党恩，树信念。

（二）目的意义

本次的社会实践活动的题目为"红色的起点"，地点选择在中国共产党第一次全国代表大会会址纪念馆，活动的主要形式载体也是围绕着中共一大而展开。通过本次社会实践活动，要让学生对中国共产党的诞辰历史有个感性的认识；让学生对优秀共产党员们的事迹有深入的了解；让学生感受在党的领导下中国国力越来越强盛，人民的生活水平越来越高；让学生树立正确的人生观、责任观和价值观，传承和弘扬中华民族优秀党员们的精神财富，从而提高学生热爱中国共产党和热爱伟大祖国的思想感情。中国共产党第一次全国代表大会会址纪念馆，是一个很好的爱国主义精神教育的基地，里面蕴藏着丰富的教育资源，需要我们不断地挖掘和运用。

二、活动过程

（一）形式载体

（1）品一本红色经典。品味红书《中共"一大"南湖会议》，让学生了解到中共一大的胜利闭幕，宣告了中国共产党正式成立，这是中国历史上开天辟地的大事件。

（2）看一部红色影片。观看影片《建党伟业》，使学生感受到在中国共产党的领导下，中国人民从此站起来了，成为国家的主人。从而提高思想觉悟，提高民族自尊心和民族自信心。

（3）读一名红色榜样。通过对于中共一大代表——毛泽东生平事迹的阅读，让学生了解优秀中国共产党员的共产主义信仰，使学生进一步了解中共一大的意义。

（4）唱一首红色旋律。通过学习演唱歌曲《民生》，让学生追忆历史，体会中国共产党从建党开始，90多年来对于执政为民、心系民生始终是一脉传承的。

（5）树一份红色信念。通过与学校党委书记马伟老师的访谈，让学生感受到党员思想的先进性。在马伟老师的指引下，树立正确的人生观、责任观和价值观，提高热爱中国共产党和热爱伟大祖国的思想感情。

（6）踏一条红色之旅。在以上五点形成的基础上，带领班级学生参观中共一大会址纪念馆，让学生进一步走进"红色的起点"，亲身融入那段可歌可泣的历史岁月。

（二）过程设计

1. 活动的形成

为了保证此次社会实践活动能够顺利进行，并且能达到预期的效果，活动展开前班委组织了一次会议，班委成员一致通过了开展"红色的起点——学党史，感党恩，树信念"的社会实践活动。班干部们群策群力，提出了很多宝贵的建议，使这次社会活动的内容更加完善。

2、内容的准备

这次班级的建党90周年社会实践活动主题是"红色的起点——学党史，感党恩，树信念"。实践活动开展前，将班级学生分成5个小组，之后由各个小组成员共同讨论出各自小组所负责的内容。

（1）第一组：品一本红色经典。

第一小组的成员所确定的内容是品一本红色经典——《中共" ·大"南湖会议》。第一小组成员利用课余时间对《中共"一大"南湖会议》进行品读，了解在共产国际的帮助下，1921年7月23日中国共产党第一次全国代表大会在上海开幕；了解中共一大的胜利闭幕，宣告了中国共产党正式成立，这是中国历史上开天辟地的大事件。自从有了中国共产党，灾难深重的中国人民就有了可以信赖的组织者和领导者，中国革命有了坚强的领导力量。品读后写下各自的读书心得，然后通过小组集体探究的形式，将各自阅读的体会不断地进行碰撞，进行融合，最终以一篇演讲稿的形式，将小组的读书心得呈现出来。

（2）第二组：看一部红色影片。

第二小组的成员所确定的内容是看一部红色影片。第二小组成员在组长的带领下观看《建党伟业》，影片让学生了解到从1912年到1921年无数个历史节点中，人们用鲜血、用思想、用智慧，来唤醒中国。即使是战火纷飞的前线，即使是特务跟踪的租界里，即使在嘉兴的游船上，我们看到了一群有着共同理想的人在为着这个即将崛起的国家而在努力奋斗、勇往直前。看完影片后，小组成员各自写下评论，经过探讨后由组长加以整理，并以一篇影评的形式展示出来。

（3）第三组：读一名红色榜样。

第三小组的成员所确定的内容是读一名红色榜样。中共一大的代表共有13位，第三小组成员经商议后决定细细品读代表之一——毛泽东同志的生平事迹。该组的成员通过网络平台收集各类资料，然后加以整理、归类，通过PPT的制作，让我们欣赏毛泽东同志深邃锐利的哲学思想、高瞻远瞩的政治远见、坚定不移的革命信念、得心应手的斗争艺术和驾驭全局的领导才能，欣赏他过人的凝聚力和伟大品格的感染力，欣赏他作为"世界级"伟人的超人魅力。

（4）第四组：唱一首红色旋律。

第四小组的成员所确定的内容是唱一首红色旋律。通过小组成员的讨论，最终决定小组合唱歌曲《民生》。通过这首歌曲，让学生追忆历史，体会中国共产党从建党开始，90年来对于执政为民、心系民生始终是一脉相承的；让学生感受中国共产党给中国带来的巨大变化，感受在中国共产党的领导下人民的生活水平日益提高。

（5）第五组：树一份红色信念。

第五小组的成员所确定的内容是树一份红色信念。该小组成员利用课余时间，对学校的党支部书记马伟老师进行一次访谈，感受到党员的先进性思想，并在马伟老师的指引下，树立正确的人生观、责任观和价值观，提高热爱中国共产党和热爱伟大祖国的思想感情。

3. 社会实践活动：红色之旅

在各个小组完成各自小组的活动内容后，教师带领学生参观中共一大会址纪念馆。由于前期的充分准备，班级的学生怀着虔诚与激动的心情开始进行参观。馆中陈列的许多珍贵的革命历史文物，再现了19世纪中叶以后，中国沦为半殖民地半封建社会的悲惨史实，反映了中国共产党早期领导人李大钊、陈独秀和毛泽东等开展革命活动、筹建中国共产党的革命历史。中国共产党的成立，犹如一轮红日在东方冉冉升起，照亮了中国革命的前程。中国共产党的辉煌成就业绩有目共睹、有口皆碑。中国共产党领导人民奋斗90年的峥嵘岁月和光辉业绩，如同一幅逶迤而又气势磅礴、雄浑而又绚丽多彩的画卷展现在世人面前。过程设计的流程图如下：

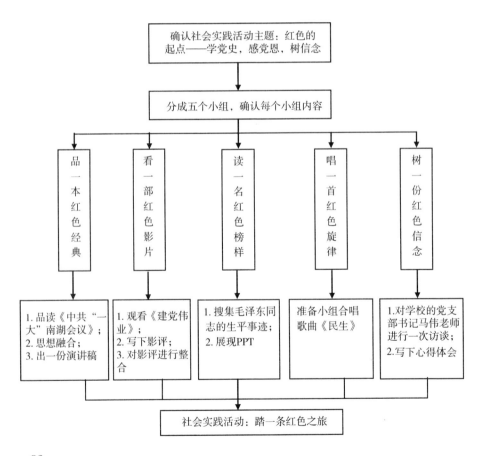

三、效果与反思

（一）活动效果

本次的社会实践活动"红色的起点——学党史，感党恩，树信念"是在纪念中国共产党成立 90 周年和中国共产党第十八届全国人民代表大会召开时期所展开的，是学校所组织的"寻访红色足迹""品味红色经典""学习红色榜样"等活动的一个组成部分。由于本次社会实践活动的前三个形式：品一本红色经典、看一部红色影片、读一名红色榜样，围绕着"红色的起点"——学党史而展开；第四个形式：唱一首红色旋律，围绕着感党恩展开；第五个形式：树一份红色信念，围绕着树信念而展开的。由于前期的准备比较充分，并且在学校许多老师的热情帮助下和班级各位学生的共同努力下取得了不错的效果，让学生了解中国共产党的诞生、中国共产党在革命年代走过的峥嵘岁月，感受改革开放以来在中国共产党的领导下中国现代化建设取得的伟大成就，树立起一份为国为党奋斗的信念，从而使学生真正能够"走近党，走进党"。

（二）活动反思

学生对于中国共产党的深入了解并不是仅仅通过一次社会实践活动就能够一蹴而就的。因此，以这次社会实践活动为起点，班级的后续活动准备从以下两个方面继续展开。

首先，在教室里开辟"我们的红色足迹"栏目，并在教室后面的绒布板上张贴一张上海城市旅游图。在此次社会实践活动后，让各小组各自设计一条红色的参观线路，充分利用好黄浦区中小学生社会实践护照这一资源，在今后的课余时间里继续参观区内和市内的其他红色教育基地。同时，每寻访一个红色教育基地，就在地图上对寻访过的红色教育基地上标上一面红旗。

其次，以班级名义在网上开一个红色微博，让学生把今后身边发生的党员的先进事迹记录下来，让学生不断地感受到成为一名中国共产党的自豪与骄傲。

书信式阅读促进师生交流

上海市第八中学　李　莉

在九月初一个寻常的班会课，如果说非要说有什么特殊的，或许就是初次月考的成绩已经下来，而我们班语数外的成绩在年级中的排位都不是特别好。班上的所有学生都安静地坐在位子上，仿佛要迎来一场不知规模的暴风雨。

"哟，今天这么安静啊，一点都不像你们嘛！"我揣着一沓褐色的信封走进了教室，调侃了一下教室的氛围。下面有点唏嘘的声响与平常吵闹的班级形成了鲜明的对比。不过我也没有把它放到心上，走到一边的讲台开始捣鼓那沓信封，窸窸窣窣的声音让教室显得更加安静，底下的学生默不作声甚至有点窘样。

五分钟过去了，我又走回了教室中央，开始询问学生今天为什么会一反常态，终于获得了学生的回应——因为考得不好，所以……

"哦，你们的意思是，因为考得不好，所以你们就在安静地……反思吗？嗯，那么我来问几个人你刚刚那安静的五分钟，反思了些什么？"

我连续叫了几个学生起来谈谈自己长达五分钟的静默反思，却都是支支吾吾地说不出个所以然来，不由得让人觉得之前的"安静"更多的是众人皆静我也只能静的从众结果。

"那要不然这样吧，你们进高中也快一个月了，今天就来说说你们天天都在忙什么吧。"

这个话题好像是不小心滴入油锅里的一小滴清水，一下子就炸开了锅，刚刚沉寂的教室俨然成了一个诉苦大会。

"我早上五点就要起来了!"

"一天九节课，还有谁! 我只能在中午和放学的时候抽空打打篮球!"

"晚上吃好饭，才休息没一会儿就要做作业了!"

"除了睡觉我就没停下来过!"

几乎每个人都有着满腹的牢骚急于倾吐，通过各种描述来彰显自己的忙碌与辛苦。

"看来大家平常确实都很忙很辛苦，那还真应该谢谢这次考试，让大家有了刚刚短暂的休息时间。"我转回去拿之前已经封好的信件，下发给每一个学生，说:"我今天并没有打算对你们的考试结果进行什么批评，这里呢，有一封你们的，应该说是前辈吧，留给你们的信，我希望你们可以在这节课剩下的时间里好好读一下，然后双休日给他回个信，下周我会替各位同学转交的。"

学生们一开始面面相觑，纷纷交头接耳想知道这葫芦里卖的什么药，所谓的前辈究竟是何方神圣，在讨论未果的情况下，只能拆开信封，展开里面的信件……

朋友:

人生乐趣一半得之于活动，也还有一半得之于感受。所谓"感受"是被动的，是容许自然界事物感动我的感官和心灵。

世间天才之所以为天才，固然由于具有伟大的创造力，而他的感受力也分外比一般人强烈。

能处处领略到趣味的人决不至于岑寂，也决不至于烦闷。

领略趣味的能力固然一般由于天资，一半也由于修养。大约精中比较容易见出趣味。

静的修养不仅是可以使你领略趣味，对于求学处事都有极大帮助。

现代生活忙碌，而青年人又多浮躁。你站在这潮流里，自然也难免跟着旁人乱嚷。不过忙里偶然偷闲，闹中偶然觅静，于身于心，都有极大裨益。

你的朋友

学生都好像若有所思的模样，仿佛这位不知名的朋友道出了他们心中的迷茫：天天忙忙碌碌痛苦不堪，却收获甚微，不知如何是好。一放学便有孩子前来询问这位朋友究竟是何方神圣，竟然会对他们的情况如此了解，而我只是笑说："之后你们便会知道了，想想如何给他回信吧。"

到了次周周一，我收到了许多比预期中更加真切的回信，学生们纷纷向这位前辈诉说自己的烦恼、高中生活一个月的感受，以及对于那封谈静的信的感触。我把这些回信分门别类地进行了一番整理，并对当周的班级情况进行观察。

到了周五，我又以大家的信作为专题展开了一个主题谈话课。直到那个时候，我才说出所谓的这个朋友是中国著名的教育家朱光潜，那封"谈静"是朱光潜先生于1933年写给青年的十二封信中的一封。

"这么久之前的信用来说我们现在的生活竟然一点违和感都没有，真是厉害啊！"有的学生发出了这样的感叹。

虽然朱光潜先生并不能真正收到来自同学们的回信，但是我们仍然完成了一次给自己的回信，让我们能够停下脚步，回头看看自己究竟在这段时间做了些什么、收获了什么，同时又遗失了什么，这个可能就是朱光潜先生谓之的"静"的真谛吧。

这节课，各位同学纷纷开始交流自己遇到的问题、存在的困惑以及感受到的班级整体在这一周的变化，并在讨论中共同寻找解决问题的关键。

"虽然我们不能与前人进行真正的交流，但是我们却通过阅读完成了一次与自己的交流。或许上个周末是我们进入高中后第一次静下来思考，也让我们了解到在勇往直前的同时也需要留意身边的风景，这样才不枉一生。"一个孩子最后说了这样的一番话，为这一次跨越世纪的交流做了最好的总结。

在这次交流之后的很长一段时间里，高一五班的学生确实发生了一些转变。同学们开始能够在每周对自己做一次总结并且对自己的情况进行一定的反思，并在之后的学习中主动将自己的不足进行及时的改。原本吵闹的课堂也开始学会选择性的沉默，同学们能够沉下心来将老师上课的内容进行消化，甚至能够开始留心身边发生的事情以及同学身上的优点，能够渐渐地去学会欣赏他人、悦纳他人。

以这样的方式，读信回信的风潮在高一五班正式铺开，虽然他们已经知道所谓的前辈朋友究竟是何许人也，但并不影响他们回信的热情。后来还有学生坦白到，这样的回信不仅仅是对自己阅读后的总结，更是与自己的一次交流宣泄，让自己有一次情感与理性的碰撞。

在谈"静"之后寄给他们"谈动"，让他们通过运动舒缓积累的压力；在落定"小三门"的选择时，寄与他们"谈升学与选课"，让他们走出迷茫，学会做出取舍；当他们苦于十门考试的沉重压力时，"谈摆脱"帮助他们远离杂念风尘；在学期的最后，以一种总结的方式送上了"谈读书"……让他们知道此次与朱光潜的对话或许告一段落了，但是他们能够自己去探寻更多未知的领域，与越来越多的人展开一场场跨越时空的交流，走上一条阅读之旅。

这个活动源于我在暑假里读了朱光潜的一本书，感觉对于现阶段的学生非常实用，不同的信对应了学生在不同的学习阶段会遇到的一些问题。我以为，如果学生以书信的方式获得这样的建议与帮助，他们的接受度往往是会比老师的直接描述或者给他们一本书来的高得多，同时会让他们有一种强烈的被理解的感觉。所以，我选择了用书信交流的形式代替了传统的阅读模式。

班级里以读信、回信、书信交流为一封信的完整阅读过程，考虑到男生可能不是特别愿意主动表达出自己的困惑与迷茫，于是以文字的方式大大地降低了学生的尴尬度，并且能够让学生在阅读之后进行自我的反思，通过自己的思考来进行归因然后想办法解决问题。这是一种很好的对于他们思辨能力的培养。在集体的交流下，能够将每个人的想法进行碰撞，进一步将那些想法和做法转化为班级的集体意志，从而形成更好的班级风尚和价值取向。

以书信的形式让学生有了全新的阅读体验，让学生通过实际的活动了解阅读给他们带来的具体帮助。书信的阅读量并不大，也不生涩，能够在短时间激起学生对阅读的兴趣从而渐渐地培养起阅读的习惯，让学生了解到阅读并非是一件困难的事情，它是自己可以在很多碎片时间里完成的。

最后一次的"谈读书"让这次书信告一段落却也开启了学生自主的阅读旅程，引导学生从被动阅读到主动阅读，当学生意识到"开卷有益"之后，他们就不会再回避看书，古语所说的"书中自有颜如玉，书中自有黄金屋"便也成了水到渠成的事情了。而这样的一次书信活动也给了作为班主任的我额外的惊喜，它打开了我与学生交流的新的渠道，让学生能够通过书信与我袒露内心的焦虑与迷茫，不用出现面对面的尴尬也能够让他们沉下心来好好对自己进行一番审视。一字一句地交流不仅让他们有了一次与自己内心的交流，更让我作为班主任能够与他们有了更加交心的对话。

以书信跨越实际，从文字获取睿智。一笔一画，那是阅读的真切渴望；一字一句，那是师生的诚挚交流。一封书信，架起了求知与沟通的桥梁，带我们走向一个更好的彼岸。

以我们的方式走进红色经典

——上海市第八中学班级读书活动掠影

上海市第八中学　郑丽萍

当下我国的教育改革已迈入"核心素养"时代，强调培养富有人文底蕴和科学精神的人。而谈及人文底蕴，必然离不开阅读。

《普通高中语文课程标准（2017年版）》（以下简称"新课标"）以语文学科核心素养为纲，以学生的语文实践为主线，设计了18个学习任务群。新课标在课程方案、课程内容与课程标准等方面都有了明显的不同，特别是新增的红色革命经典作品研读，更成为本次新课标修订的亮点之一。自新课标正式颁布以来，如何围绕"语文学习任务群"开展教学与实践活动近来成了炙手可热的话题。

当阅读与红色经典相遇，当代教育工作者该如何作为？激发学生成为"积极的互动者"，切实培养学生的阅读能力，深刻理解革命传统从而学习革命精神，都是值得深入探讨的问题。从一名语文老师兼班主任的角度出发，我不断思索如何摒弃简单的说教与灌输，提供有意义的学习资源，让学生能够真正走进红色经典。作为书香校园建设基地学校之一，我校积极鼓励各班组织丰富多彩的阅读体验活动，这恰恰提供了一个非常好的方式与途径。

一、红色经典分享

"明天轮到谁上台演讲？"

"哦，是我们小组。"

"谁做代表发言呢?"

"她——我们小组当仁不让的唯一人选。"

"她今天要讲的是……"

这是我们班级语文课代表与同学间的日常对话片段。他们所说的"上台演讲"正是高一入学伊始沿袭下来的红色经典阅读分享活动——"读亦悦乎"1.0版。这个活动从命名到策划是班主任与学生们群策群力，最后通过全体投票决定的。借用课代表的话说："红色经典并不是冷冰冰，不可触摸的。即使时代变化了，精神和信仰始终不变……""模仿孔夫子的名言，掷地有声，能给我们许多启示"。

的确，在数字技术、移动网络为标志的新媒体迅猛发展的时代背景下，即时在线浏览网络呈现的图文、以获取信息为目的的新型阅读成为阅读新常态，阅读呈现出快餐式、碎片化、浅表化和娱乐化的"浅阅读"特质。但是，长期身处这样的浮躁肤浅之中时，人会忍不住回望。正如作家张炜所说："文明族群必有阅读的嗜好，他们与经典有天然的亲和力。"红色经典文化包括文学、影视、歌曲、诗词等多种艺术形式，其包含面非常广泛，蕴藏着独特的时代记忆与民族文化，承载着国家一段时期的社会和政治面貌，体现着特殊年代的民族精神，反映了中国革命者在不同时期的政治理想、爱国情怀、价值观念和道德诉求。这种主旋律的艺术形式，具有极强的隐形教育功能，是重要的教育资源。红色经典阅读的回归，或可以重振我们的民族精神，重建我们的当代文化，增强国家软实力。"读亦悦乎"1.0版正是在此基础上引导高中生在"浅阅读"的同时进一步走向"深阅读"，在丰富阅读滋味的同时进一步提升阅读品质的有益尝试。

每周一中午固定一期，聚焦红色经典阅读的点滴收获，如《红岩》《林海雪原》《青春之歌》等。因为整本书阅读信息量大，我鼓励他们利用提取要点策略尽快把握主要人物和主要事件，把厚书读薄。抽签选定的主持人、小组推荐的演讲人、小组候补的补充说明人，再加上精美的PPT、优美动听的音乐旋律，共同构成了每一期师生红色经典之旅的"读亦悦乎"。活动不仅丰富了学生的个体心灵，提升了学生的阅读品质，特别是在初升高的衔接期加快了学生的适应步伐。

二、半程总结

随着时间的推移，"读亦悦乎"的问题也慢慢浮出水面。例如，阅读演讲的内容是听众不熟悉的，演讲难以引发共鸣；推荐的演讲人是佼佼者，难以激发后进者的内在动力……

作为班主任，必须时刻关注活动过程中出现的这些问题并积极解决。为培养学生的主动意识，拒绝老师的一言堂，则必须回归"群众路线"。在一次暂停活动的空隙时间中，我组织全班学生共同思考红色经典阅读分享活动接下来如何推进。有人说红色经典阅读分享活动形式过于单一，有人说调动的人员过于稀少，还有人说繁重的学业挤压红色经典阅读时间，等。针对提出的这些问题，大家进行了集思广益，逐一支招。在讨论中，大家加深了对红色经典阅读的理解。红色经典阅读可深可浅吗？该如何看待"深阅读"和"浅阅读"？有人提出观点，认为两者并不是绝对对立、无法并存的两种阅读方式，它们只是读者不同的阅读选择及其相应产生的不同的阅读体验。在此基础上，有人也提出观点，认为阅读的"趣味"与"品质"也并不是完全孤立的两端，趣味可以导出阅读的热情，品质可以助力阅读的深度。

热火朝天的讨论中，大家开始积极反思已有的"读亦悦乎"1.0 版应如何着手改进才能达到更好的效果。

三、升级上线

"千淘万漉虽辛苦，吹尽狂沙始到金。"在大家齐心协力下，"读亦悦乎"2.0 版升级上线了。本着"助推红色经典阅读，享受红色经典阅读"的宗旨，升级版扩展了活动的领域，从单纯地"读"走向"读写结合""读画结合""读演结合"。升级版增加了活动的人数，由个别代表走向更多人的参与和表现。

1. 悦思

如柏拉图在《斐德罗》中所言，如果一个人正确地运用回忆，他就可以变得完善。红色经典阅读的意义就是要唤起个体对中华民族过去经验的感知，让中华民族记忆激活于当下，以敞开置身现代性之中的个体生命视野，甄别现代人的路向，由此最大限度地激励青年学生精神成人，而这样的回忆、唤醒、甄别是不能离开"深阅读"的。所以，我们提倡主题阅读，并引导比较阅读，这也是带领学生把阅读走向深度的重要策略。

在单篇文章的比较阅读上，我们通过《梁衡红色经典散文选》进行"悦思"活动，鼓励大家就自己比较的两篇乃至多篇文章发表自己的观点与见解。学生们看到，无论是领袖、名人，抑或是小人物，无一例外都有着信仰，不同的是，他们那样生动可亲，让人仿佛能看见他们在书桌前徘徊、在田地间思考，能看到他们对着星空沉默、对着幼子落泪。在书里，他们成为血肉丰满的人，一些细节隔着书页和历史，力量直指人心。

例如，《一个大党和一只小船》《红毛线，蓝毛线》诠释了中国共产党的务实清廉、克己为民；《这思考的窑洞》《毛泽东翻脸》从勤勉好学和敢斗争、意志坚定等多方面刻画了一个立体的领袖形象；《一座小院和一条小路》《邓小平认错》《谁敢极言？谁能极言？》描摹了邓小平的"三起三落"和他作为改革开放总设计师的英明果敢……尤其是比较文章的细节方面，如小平落难时为受诛连而身残的儿子洗澡："多么壮实的儿子啊，现在却只能躺在床上了。他替他翻身，背他到外面去晒太阳。他将澡盆里倒满热水，为儿子一把一把地搓澡。热气和着泪水一起模糊了老父的双眼，水滴顺着颤抖的手指轻轻滑落，父爱在指尖轻轻地流淌，隐痛却在他的心间阵阵发作。这时他抚着的不只是儿子摔坏的脊梁，他摸到了国家民族的伤口，他心痛欲绝，老泪纵横。"又如彭德怀因对"大跃进"提出非议被定为"反党分子"后，"他在自己的院子里种了三分地，把粪尿都攒起来，使劲浇水施肥。他要揭破亩产万斤的神话。1961 年 11 月经请示同意后，他回乡调查了 36 天，写了

5 个共 10 万多字的调研报告。涉及生产、工作、市场等，甚至包括一份长长的农贸市场价格。他固执、朴实，真是一个农民"。

学生们在阅读中收获作者记录的人物情感、人物品格，这些不仅仅是作者擅用多种表现手法，更分明是有一腔热忱在涌动，急切地告诉每一个读者怎样去肩负起自己的责任，拥有中国人的风骨。这些都是成长路上最宝贵的精神财富。

2. 悦享

阅读红色经典文本是重要的，但以何种方式阅读也是一个关键问题。在一个友爱的、共同向善的教育共同体中阅读，个人的阅读体验与收获也许截然不同。很重要的一个原因是，人不是孤立的个体，人生活在关系之中。

所以在班级的图书角中，我们允许图书漂流。每个人带来的红色经典图书可以互相推荐、分享。让书本流动起来，不仅新颖了阅读方式，也激起学生的阅读兴趣，让学生倍加珍惜"漂"来的书，达到"读亦悦乎"。

3. 悦画

在红色经典图书阅读期间，我们还组织了几次"读画结合"作业。每位同学把自己阅读的书中的主要人物、主要场景或某一关键细节画出来，集中展示。大家都兴致盎然，在规定的时间内抓紧准备作品，最后带至班级，集体评选，然后展出公认的佳作。

4. 悦演

我们结合红色经典作品的各类影视表演作品进行多方面的体悟感受。例如，红色经典《林海雪原》小说问世以来，就被改编成评书、连环画、现代京剧、话剧、电视剧、电影等艺术形式，印证了经典穿透时代的魅力。我们选取了 1960 年八一电影制片厂出品的《林海雪原》、2017 年徐克导演的新版《林海雪原》，让大家一起感受红色经典的持久性和独特性。融合阅读收获，编排剧本演出也是学生喜闻乐见的一种阅读表达方式。我们鼓励小组排练、汇报演出，收到了很好的效果。

　　总之,"读亦悦乎"2.0版用思考的文字、多彩的画面、有声的语言、有形的动作多角度来展现每个人对红色经典的理解,用搜集的资料、集体的互帮互助、视频影音来诠释文字的力量,这样的过程不就是阅读给予人的一种美好蜕变吗?

现代公民养成记

——上海市第八中学男生班公民教育实践

上海市第八中学　罗佩晔

高中时期，是人生发展的关键时期，是自我认知的逐步完善和"三观"逐步建立的时期。高中阶段的男生较之同年龄阶段的女生有更强的独立意识，但其因心智晚熟而易造成思想偏激和盲目自信甚至逆反。如今，社会上时常出现对男生甚至男性的质疑声，有专家甚至称其为"男孩危机"。而"男孩危机"不仅体现在气质、外貌和行为举止，如今在校园内，男孩无论在学业方面、心理方面、体质方面、社会适应方面也都逊于女生。我校自2012年开始男生班的试验，研究男生教育的规律，提炼男生教育的策略。过去三年男生班的教育教学经验，让我深深体会到男生的现代公民养成教育是高中德育不可或缺的组成部分，是男生真正突围、获得人生成功的基石。

"公民"一词源于古希腊，指的是城邦中有财产、知识、地位的成年男性自由民。随着现代社会的发展，我们倡导的培养现代公民的概念已与传统公民的概念有所不同。《新大英百科全书》对公民的释义是："个人与国家的关系，受这个国家的法律约束而在这个国家拥有相应的义务和权利。"而《辞海》中这样定义："公民通常指具有一个国家的国籍，并根据该国的宪法和法律规定，享有权利并承担义务的人。"公民教育是指在承认并尊重人的主体性的前提下，培养并造就健全、自律，能有效地参与国家和社会公共生活的公民而进行的教育活动。

　　语文学科是培育现代公民的良好土壤，是实践公民教育的重要阵地。巴金说过："我们有一个丰富的文学宝库，那就是多少代作家留下的杰作。它们教育我们、鼓励我们，要我们变得更好、更纯洁、更善良、对别人更有用。文学的目的就是要人变得更好。"语文教学反映人类社会的事、情、理、志，表现社会理想、政治信念、阶级观点、人生哲学、道德情操等，负载着丰富多彩的文化，可促使男生在文化的体验感悟中，树立现代公民人格。

一、创建民主和谐的课堂氛围，打好独立的精神底色

　　我国两千多年的封建王权专制历史造就了中国人民根深蒂固的"臣民意识"，即否定个人，否定自我，迫使个人从属于国家、社会。在我国传统政治文化影响下形成的浓厚的臣民意识仍然或多或少地存在于我国民众的深层意识中。传统的教育观念中，喜欢"乖巧""听话"的学生，导致容易忽视学生主体性及个性的差异。而男生因其好动、相对女生晚熟等特点，在小学初中阶段就被女生们的绝对优势"碾压"。课堂上男生们往往争取不到"话语权"，导致男生们课堂表达的主动性下降，更不能自信地表达自我想法观点。我的语文课堂教学坚持从尊重每一个具体的个人开始，而不是从抽象的集体开始，创建民主和谐的课堂氛围，鼓励每个男生在课堂上畅所欲言发表对课文的见解和看法。当我兴致盎然地带着全班品味《蒹葭》中抒情主人公在深秋清晨水岸边对伊人的追寻时，有个男生突然打断了大家的品读，对这首诗歌写的季节提出质疑，他认为秋天的芦苇是枯黄的，而课后注解中对"蒹葭苍苍"的解释却是"深青色的芦苇"。对于这样与课文整体品味把握无甚关联的质疑，我没有否定他，而是肯定他的发现，进而让全班一起参与探究：本诗创作的时间及芦苇不同季节的生长状况。学生们饶有兴致地查阅资料了解二十节气中"白露"的确切时间，有的人甚至翻出了地图册研究先秦时代秦地所处的地理位置，进而论证彼时彼地的芦苇生长状况。最后在热火朝天的讨论中，大家明确了，白露是秋天的第三个节气，而这时候恰恰因为昼夜温差大形成的水汽有利于植物生长，正是野外植物生长茂盛的时候，但

不同于夏季的苍翠，深青色的芦苇覆盖上白色水汽，其看上去更有一种凄美之感。一个看似属于生物学、气象学范畴的问题，却因其是学生自己发现的问题而激发了他们极大的学习热情。其实"语文的外延与生活的外延相等"，对课文中类似这样的生活情况的探讨恰恰能让学生充分体验语文学习的乐趣。

此外，我经常在学生回答问题时，鼓励学生向从众心理挑战。我们经常在课堂上遇到这样的现象，让学生回答问题，一个或两个学生回答后，后面学生再回答往往会说我和某某是一样的想法。我在课堂教学中常常会有意识去弱化这种从众心理，鼓励他们"仁者见仁智者见智"，如教授《梦游天姥吟留别》时拓展李白的生平经历，让学生畅谈对"入世"与"出世"的看法。鼓励学生从不同起点、不同角度和不同方向去思考问题，培养思维的独立性。另外，在教学中，我也常作为讨论问题、解决问题的参与者，允许学生有自己的理解和创见，允许学生"犯合理的错误"，并趁势引发学生之间的质疑和批判，互相碰撞出思维火花。

在这样民主的课堂氛围中男生们闪烁着智慧的光芒，充分体验到了语文学习的乐趣，逐渐朝着独立、自信的现代公民发展。

二、采用小组合作的学习方式，唤醒自主学习的意识

现代社会强调"终身学习"的观念，身处如此迅猛发展的时代，一个优秀的现代公民应具备自主学习、自我更新的能力。但社会的功利导致了教育的功利，也带来了教育的僵化，课堂上我们发现许多学生到了高中阶段仍缺少主动探究、自主学习的意识，时常等着老师解读课文、解答问题。于是，我在平时教学中采用小组合作的学习方式，由学生自主进行开放的学习活动。让他们在合作学习中自己发现问题、解决问题。小组合作学习强调的是学生的合作能力，注重学生的体验和实践，这是现代公民所必需的品质和能力。在教学过程中，我首先积极转变角色，由原来的控制者向参与者转变，由原来的预设者向合作者转变，接着以小组为单位进行学习任务的布置——

有教学前的预习分组任务如《边城》的分小组探究"人情美""环境美""风俗美"，有教学中的分组合作如《林教头风雪山神庙》的课本剧表演，或是课后进行分组拓展思考如《哦，香雪》一课后让学生分组进行火车打破香雪的世界是件好事还是坏事的辩论，每次的合作学习学生充分发挥自主能力。

这种小组合作学习的方式，体现了现代教育理念，可使每个学生平等地参与学习，并均有充分的发言和表现自己的机会。在合作学习的过程中，学生主动思考和主动探究，学生的进取意识、创造意识和竞争意识能较好地得到强化。

三、关注男生的思维发展与提升，培养理性思考能力

高中男生的求异思维和创新意识较强，在平时课堂学习中喜欢质疑，而他们的观点或看法一旦形成自己的逻辑链，就表现得比较武断和固执。身为一个女教师，以往在教授课文的时候较为感性，常常以熏陶感悟为主。但在面对这些喜欢质疑的男生的时候，熏陶和感悟却很难起作用。陈军老师认为，对高中学生而言，语文课堂应该成为推理的课堂，以求培养学生的学习理性。为了让男生充分发挥求异思维的优势，我时常创设"质疑情境"，引导男生发现和质疑。

在学习《合欢树》一课时，我让学生梳理史铁生对合欢树的情感变化，分析史铁生不看到想看又后悔前两年没去看的矛盾心情。当时我的幻灯片上故意把"我挺后悔前两年没有自己摇车进去看看"写成了"我挺后悔前两年没有进去看看"有眼尖的男生马上注意到了"自己摇车进去看"这个细节，又联系前文说"我要是求人背我去看，倒也不是不行"分析到，这时候的史铁生明白了母亲对他的期望，绝非是世俗意义上的成功，而是自力更生，就如合欢树般坚强地生长，所以史铁生强调"自己摇车进去看"而不是"求人背我去看"，是想用自理自立的方式告慰母亲。

在学习冯友兰的《我所认识的蔡孑民先生》一课时，学生指出作者评价

蔡元培是"中国近代最大的教育家",其中"最"字显然带有强烈的主观情感。第二段写初次见到就觉得新校长有"蔼然仁者、慈祥诚恳的气象",使自己"心里一阵舒服",表达得不够客观理性。如果不能及时解决这个问题,男生们势必会形成自己的逻辑链而偏激地看待这篇文章。我并不急着纠正他们,而是顺势地抛出问题:"初次见面是否等于第一印象?在首次见到前,蔡元培在冯友兰心中是白纸一张吗?"在这个问题的启发下,他们注意到初读课文时忽略的两个时间细节——"我于1915年到北大""蔡先生在1917年初到北大当校长",从而思考得出"兼容并包"的实际作为,才是第一印象,是理性认识,是导致作者有"春风化雨"感受的基础。"春风化雨"所记的事例,是冯友兰耳闻目睹蔡元培兼容并包改造北大的作为后,直面蔡元培后的印证,是一种感性体验和衍生。所以,冯友兰初见校长时的感受读来或许刻意造作,但却是冯友兰直观体验。

美国的《公民读本》认为:"能够保持持久的清醒的思考,是做个好公民的最基本品质之一。假如不能清醒思考,即使你拥有民主权利,你照样可能被人操纵和利用。""持久的清醒的思考"来源于思考者的理性思维,语文课堂阅读中的寻疑、解疑的过程需要重视学生理性思考能力的培养,给予学生充分的空间发展实证意识,养成严谨的求知态度,有利于现代公民人格的锻造。

四、有效利用"互联网+",拓展自由开放的视野

随着互联网的发展,学生面临着开放自由的舆论环境,各种良莠不齐的信息和充满冲突的文化观念,给这些正处于"三观"尚未稳定的学生造成了极大的影响。男生比女生对网络更为热衷,对各种信息的兴趣更浓厚。互联网环境下高中男生的思想引领路径必须结合时代的状况,获得时代的意义。

当代社会瞬息万变,时有社会热点发生,高中生在尚未形成独立理性的思考能力前,往往容易受网络媒体的舆论左右。于是,我想到在教学过程中充分利用当代学生对网络及手机的依赖,创建微信公众号"四维语文空间",

主动驾驭自媒体，主动把握信息源，进行舆论疏导和监督。我时常会转载或发布对当下社会事件的网络热评，结合线下语文课上的"录与思"作业带领学生针对社会热点话题进行"微话题"的讨论。从"复旦黄山门事件""老人摔倒扶不扶"之类的热点新闻讨论，到"不作死就不会死""葛优躺"之类的网络热词的甄别，让学生们在思想观点的交锋中逐步形成正确、全面的认识社会，完善"三观"，帮助塑造学生积极向上的自由之思想和独立之人格。

去年一篇《罗一笑，你给我站住!》引起了各界媒体的广泛关注，朋友圈里纷纷转发，赚取了很多人的同情和爱心捐款。但很快事件发生了逆转，有网友称，这篇文章是罗一笑父亲罗尔的营销炒作，罗一笑的治疗花费并不像文中所说的那般高额，而且罗尔在东莞与深圳均有房产，善款也早已筹齐。一石激起千层浪，网络上从起初的同情捐赠转为几乎一边倒的漫骂。这个事件在学生中也议论不断，有的学生认为罗一笑拿女儿的病博同情进行营销实在可恶，有的学生则认为罗尔在文中流露的对女儿的爱是真实可信的不能一味苛责。面对这种众说纷纭的状况，我将微信公众号里持不同观点的时文转发给学生看，要求他们必须全面了解事情原委后再发表议论。针对男生容易以偏概全、武断的特点，我强调"思考的前提是了解和知晓全部事实""你的思考必须在事实的基础上"。之后便有了"谈罗一笑事件""再谈罗一笑事件"先后两次对事件的思考总结，最后还有以罗尔、罗一笑、捐款者或者普通网友为对象写一篇"×××，我想对你说"，以阐述自己对整件事情的看法，完成思想的迭代。让学生意识到在掌握已知事实的基础上，要"不断认识最新发现的事实"，并尝试学会解决问题，因为解决问题是"一个清醒的思考者"的必备能力。

学生在对社会热点事件的不断反刍思考的过程中逐渐明白如何拥有自由开放的思考视野：一是不能先入为主地带着理想化倾向进行"愿望思考"；二是要避免"情绪化的思维"；三是不要轻易下结论，思考要从事实出发。这样，他们面对朋友圈的热点文章，才不会盲从跟风地转发。

　　通过语文课堂内外进行积极的网络舆情的引导，从而提升了高中生的网络素养和思维品质，拓展自由开放的视野，强化高中生公民意识，实现语文教学与现代公民养成教育的"双赢"。

　　语文是文道的载体，是民族文化的灵魂，我们要培养出合格的现代公民，就必须在语文教学中进行渗透，创造出一个活泼多元的语文课堂，用民主平等的态度进行学习交流，顺应时代发展利用好互联网的信息资源，培养出独立、自由、理性的现代公民。

红色基因融入高中德育实践探索

上海市第八中学　沈　澜

今年3月8日，习近平总书记参加十三届全国人大一次会议山东代表团审议这样强调："红色基因就是要传承。"他同时指出，中华民族从站起来、富起来到强起来，经历了多少坎坷，创造了多少奇迹，要让后代牢记，我们要不忘初心，永远不可迷失了方向和道路。"让红色基因代代相传"，这是习近平总书记多次提及的切切嘱托和冀望。

在这个承前启后、继往开来的新时代，以红船精神、井冈山精神、长征精神、延安精神、西柏坡精神等为代表的红色精神必须得到坚守与发扬，因为它清晰地告诉我们——今天的中国从何处来，又往何处去。

近代以来，中国人民在中国共产党的领导下，实现站起来、富起来、强起来的伟大历史进程，背后是优秀文化基因的支撑，这是我们力量的来源。而其中，红色基因起到了关键作用，并不断孕育壮大为一种成熟的文化形态，融入我们的血脉。

我们理解的红色基因，是一种使命感，为了国家富强、民族复兴、人类解放的使命感；是一种革命精神，不怕艰难，勇于挑战，反对压迫的精神状态；是一种忠诚意识，忠诚于党，忠诚组织，忠诚制度，忠诚道路，忠诚事业；是一种斗争态度，与自身的惰性斗争，与敌对的因素斗争，与不合理的结构斗争。文化对于一个民族的历史创造起着极为重要的作用，组成文化的关键要素（基因）就是这些作用的力量来源。

近年来，上海市第八中学在红色基因融入高中德育教育实践中，做了一些尝试和探索，下面分几个方面阐述。

一、"不忘初心，行走上海"线路设计活动

上海高考综合改革背景下，实施综合素质评价，对学校德育活动提出了新的要求，形式和内容都需与时俱进。作为海纳百川的国际性城市，上海丰富的教育资源，包容多样的海派文化，要求贴近学生生活的教育载体，符合高中学生的认知特点和身心发展水平。高中阶段正是认识社会，形成世界观的关键时期，学校应该主动满足学生的需求，设计丰富适切的活动，加强过程体验，为学生的终身发展奠基。基于以上背景和原因，我校在2018年暑期设计了"不忘初心，行走上海"为主题的个性化系列活动方案。

活动依托《2017年版黄浦区学生社会实践护照》资源，引导学生深入自己生活和成长的城市，发掘城市丰厚的历史文化内涵，走进红色纪念地、革命历史博物馆、上海历史文化风貌保护区、公共文化设施和居住社区等公共空间，设计以"不忘初心，行走上海"为主题的个性化的行走攻略。

在此项目酝酿过程中，我们查找资料，阅览学习，辩论交流。我们感悟到，街道是连接城市和我们居所的一个物理的空间，就像血脉对人而言一样，它对一个城市来说是必不可少的。同时，街道也是我们传承城市的历史文化、感受城市的精神包括活力的一个重要的载体。往往我们到一个城市，若要了解它的整体形象的话，更多的可能还是需要走入街道，感受整个街区的物理空间，感受它的人文环境，通过实地探寻，才有可能真正感受到这座城市的温度。或许，对生活在城市里的人来说，他们的童年里没有小溪，没有农田，只有这一条条街道，以及这些街区中的往来的人。

活动以3—6人小组为单位开展，有利于学生分工合作，体验因兴趣而生的快乐，同时也保障学生的安全。活动实施过程分为：路线设计阶段→实施阶段→完善阶段→交流阶段→展示辐射阶段。学校推荐格式，要求学生撰写活动方案。

在本次线路设计活动中，学生设计了各种不同的主题，既有以一大会址及周边场馆串联起来的红色之旅，也有走进上海博物馆、外滩历史纪念馆、上海档案馆等场馆的历史记忆之旅，还有具有强烈上海风格的石库门之旅；由于本校地处黄浦区老城厢，有不少同学瞄准了这里的里弄文化、百年老校，他们设计了里弄文化地图、百年老校的前世今生等路线。作为上海的核心地段，文艺情调的各种小马路也吸引了同学们关注的目光，在各种特色咖啡馆流连点评，在思南路一带步量深幽百年路……探访、交流、展示等系列活动加深了学生对城市的全面认知，增强了对于家园国家的自豪和归属感。同时，在活动中也有学生这样阐释他们的目的："能将所学知识能够学以致用，能够把我们物理，化学所学的理论运用于生活。将死的知识能够活起来。"书本知识与自身体验相互印证，有利于学生的学习能力的提高。

活动的自主性激发了学生深度参与的热情。设计活动时，我们在于减少同学社会实践活动的盲目性，而增强活动的选择性。他们在整个活动环节中，需要自己设计，自我修正，归纳总结，交流展示，尤其是自由组队，兴趣为先，极大地激发了学生的参与热情。有一名对公交车感兴趣的同学，在班级里找不到知音，便在网上征集、跨年级组队，最终设计了71路中运量车发烧之旅。凭借独特的选题，他们最终获得学校展示的机会，全校师生跟随他们的考察路线了解了站点设置、选址原因等，他们的交流反过来影响了学生：原来一辆公交车也可以钻研得如此之深。设计之初，我们经过一番考量，还是要求了包括高三的同学全员参与，没想到他们给了大家意外之喜。几乎相同的路线，高一和高三同学呈现出一点相似，更多不同，同题展示中高三给予高一的启发无疑是深刻鲜活的。整个活动既给予了方向的引导，也赋予学生自由自主的选择空间，既有小组的深度交流合作，也有全校的集中引领，既尊重学生的个性设计，也呈现更具文化内涵的价值取向。

在活动的组织和实施过程中，我们体会到，红色基因的传承不单纯是教育、宣讲和培训，更要践行体悟。要紧扣时代，改革形式，创新载体，知行合一，这些对于传承红色基因而言是不可或缺的。

二、学生青年党校

我校的学生青年党校分三阶段培训，即初级班、中级班和区共产主义学校。一批批团员青年在党课学习中净化了自己的入党动机，增强了自己对中国共产党的了解，成为我校青年学子中的优秀代表。

青年党校有一套较为完整的组织机制和活动规则，有章程，有课程教学计划，师资队伍由党支部委员、党员教师和优秀党员毕业生组成。教学内容充实，注重实效。党校学习内容以"三个结合"的原则确定，即教育内容与学生实际相结合、与当前国家发展形势相结合、与学习党的基本理论同身边典型相结合。学习内容主要分为以下六个方面：马克思主义基本原理教育、党的基础知识教育、党的简史教育、党的组织发展程序、端正入党动机增强时代使命感教育、党的十八大及十八届三中全会精神学习等。

除了理论学习外，在寒暑假期间，还举行了名人故居探访、红色经典路线寻访、研究报告撰写、关注两会、学习十九大、《我的青春我的梦》征文等活动。每年的九月，青年党校的成员们都将举行"党的光辉照我心"读书交流活动。此外，校团委组织了青年党校学员"七个一"活动，即观看一部红色影片、组织一次红色基地参观、撰写一则红色基地寻访感言、进行一次特色志愿行动、制作一份电子演示文稿、访谈一名身边的党员、参与一次学生论坛交流活动。

2017年，青年党校的同学们参加了"重走长征路，争当小红军"活动，前往遵义体验红军长征。另外，还特别开展了"优秀党员教师寻访"活动。

习近平总书记在全国党校工作会议上指出："从中央到地方建立党校体系，专门教育培训干部，是我们党的一大政治优势。"学生党校在学校党支部和德育处的指导帮助下传承党的好作风、好经验、好传统，计划未来要进一步融合红色资源、继承红色传统、激活红色基因，与学校教育深度结合起来。

周一学校升旗仪式介绍走进边防线活动

三、红旗飘飘征文

为深入学习贯彻习近平新时代中国特色社会主义思想和党的十九大精神，落实好习近平总书记"红色基因代代相传"等重要指示精神，引导青少年做中华优秀传统文化和传统美德的宣传者、弘扬者和践行者，在教育部关工委《关于开展第二十一届全国青少年五好小公民主题教育读书活动"红旗飘飘引我成长"的通知》精神要求下，我校通过读书交流、研学旅行、征文比赛等形式，结合实际，围绕立德树人的总体要求，开展具有本地特点、本校特色的活动。

2018年4月22日，世界读书日正式命名。我校于2017年10月13日通过市级验收，是上海市书香校园基地学校。学校结合实际，围绕立德树人的总体要求，遵循教育规律和学生成长规律，依托有效载体，不断创新活动手段，开展具有本地特点、本校特色的品牌活动。努力将活动融入校园文化建设中，取得了一定实效。

高一（3）班施行知同学撰写、郑丽萍老师指导的《我们离爱国远吗?》，高二（7）班沈阅同学撰写、沈红旗老师指导的《当下骨干，未来中坚——第二期上海市中学生骨干训练营有感》，高三（3）纪雪浩同学撰写、卞慧老师指导的《众生情，众生梦》等，选送黄浦区红旗飘飘引我成长征文比赛。

把红色资源利用好、把红色传统发扬好、把红色基因传承好，是习近平总书记深切叮嘱。今天，这份冀望更深刻地体现在对青少年一代的革命传统教育上，这项事业必须承载起传承红色基因的光荣使命。在这些德育教育实践中，我们取得了一些成绩：

"不忘初心，行走上海"红色之旅线路设计活动，获上海市未成年人暑期工作优秀活动项目一等奖；

青年报2018年2月1日报道《"00后"讲解员上岗讲述红色历史》；

2018 年 2 月 1 日青年报 A06 版版面

　　李柯阳同学获"走进党的诞生地"上海市青少年红色诗文朗诵比赛三等奖。

　　在红色基因融入高中德育实践探索的过程中我们深深体会到：对于红色基因传承要有责任感和使命感，要让红色基因成为教育的主要内容之一，通过教育活动和教育载体的创新，不断增加红色基因传承的实效性，使其融入到我们的文化传习之中，融入到新时代的历史创造之中。

做更好的自己

——让红色基因融入市十学子的文化底色

上海市第十中学　朱莲萍

一、思考

在红色基因传承中，我们希望将课堂教学和课外教育活动有机融合，开展"做更好的自己"学校系列主题教育活动，并试图把这两者在学校统一的系列主题教育活动的平台上得到整合，以此提升教育实效。

"心中有信仰，脚下有力量"，支持共产党人一路前行的是内心深处对共产主义事业的伟大理想，对国家、对民族的担当。市十中学作为一所有着百年历史的老校，理应站在传承和弘扬红色基因的第一线。

习总书记勉励大家"多了解中国革命、建设、改革的历史知识，多向英雄模范人物学习，热爱党、热爱祖国、热爱人民，用实际行动把红色基因一代代传下去"。坚定的信仰、牢固的信念，培育了一代代中华儿女的红色基因，绘就了年轻人的精神底色。从上海望志路、嘉兴南湖一叶开启未来的红船，到"没有理想，连一千里都走不了"的长征精神；从"砍头不要紧，只要主义真"的铁血豪情，到"使我的同胞能过上有尊严和幸福的生活"的坚定信念，正因为脑海中对未来有期待，心底里对理想有渴望，我们才能不断克服困难、跨越障碍，走向成功。毛泽东曾在张思德的追悼会上动情地说：

"我们都是来自五湖四海，为了一个共同的革命目标，走到一起来了。"今天，迈入新时代，坚定的信仰仍然是凝聚人心、激励奋进的决定性力量。

对理想的执着、对信念的坚守，并没有褪色，也不会缺席，如今又在一个个幼小纯洁的心灵中埋下种子、生根发芽，焕发出强大的生机与活力。走过90多年光辉岁月的中国共产党，在一代又一代人的坚守下，依然不断在开辟崭新的未来。

我们学校在课堂内外，在三类课程中，以经典诵读、文化体验等为载体，引导学生传承红色基因，提高道德文化修养。从初中预备班到高三毕业班，市十学子读革命故事、讲爱国传统、写名言警句……学生所体悟到的红色文化在校艺术节、学生社团等各种平台上展示交流，学生对红色基因认同感和归属感正在得到有效强化，我们不能仅让此流于形式、浮于表面。

由此，我们对工作做出进一步审查。我们在课堂教学中更多的是诵读、讲解，常常停留在口头上、字面上，不少学生囫囵吞枣式的阅读也会影响理解，在学生的实践层面上我们的工作还相对薄弱。我们在课外教育活动中，更多的是注重内容和形式，更多的是关注活动的趣味性和学生的参与度，缺少对学生的引导和对红色基因文化内涵的感悟，在提升学生的思想认识层面上则相对薄弱。

总之，我们的课堂教学和课外教育活动尚未有机融合，我们应该努力地把这两者有机地结合起来。为此，我们开展了"做更好的自己"学校系列主题教育活动，试图把这两者在学校统一的系列主题教育活动的平台上得到整合，以此提升教育实效。继前两年分别以"学会感恩——知恩图报讲奉献""学会立志——做最好的自己"的主题之后，这两年又相继开展了"学会负责——兴国圆梦勇担当""学会尊重——文明友善尚和谐"的系列教育，并在实践和探索中，有了一些心得和体会。

二、探索

在系列主题教育活动中，我们把培育和践行"富强、民主、文明、和谐、自由、平等、公正、法治、爱国、敬业、诚信、友善"社会主义核心价值观与"天行健，君子以自强不息"等精神追求结合起来，紧密联系学校教育和发展的实际需要，每年确定一个教育主题，整体设计，集中推进，形成系列。在实施过程中，根据不同年龄段、不同学段学生身心发展的特点，区分层次，采用不同的形式和方法开展要求不同的教育活动，系统推进，提高实效。

（一）深刻阐释红色基因的精神内涵，努力挖掘主题教育核心价值

红色基因是中华民族生存发展的精神底蕴，应该使它存活在学生的心里，存活在学生日常生活的言行中，存活在学生的精神信念和价值关怀中。因此，在每学年的系列主题教育中，我们首先关注的是深刻阐释其精神内涵，挖掘"教育主题"的思想核心价值。例如，在"学会负责——兴国圆梦勇担当"的主题教育活动中，我们紧紧抓住活动的内核，即中华民族强调人在社会中的地位与责任，注重自强不息、刚健有为的理想信念和道德追求，这是中华民族最根本的精神基因。

我们要求各学科，特别是语文和历史老师，在课堂上与学生复习相关经典学习内容。语文课上的"三分钟经典背诵"、历史课上的"中华优秀人物介绍——课前五分钟系列"等都是师生们喜欢的内容和形式。我们要求，在"学会负责"主题教育活动中，通过对红色基因的反复学习、领悟，引导学生逐步懂得"格物、致知、诚意、正心、修身、齐家、治国、平天下"，把自我与社会责任、义务联系起来。在课堂外，我们利用午间广播台播放学生在经典诵读后的各种心得和感悟，我们在学校最醒目的区域做精心宣传布置，师生们以经典名言为内容的书法展示表达自己对优秀传统文化和民族精神的认可和敬仰——"天下兴亡，匹夫有责"的铮铮誓言，从"砍头不要紧，只要主义真"的铁血豪情到"使我的同胞能过上有尊严和幸福的生活"的坚定信念，时刻提醒同学们把中华民族的忧患、责任意识与爱国境界联系起来。

为了凸显"学会负责"主题中"爱国忧民"的核心思想价值，我们在主

题教育活动中，根据年级特点开展了不同形式的各类活动。高中以"读书、思考、担当"为主题，开展读书心得交流、主题谈话课、演讲比赛等活动，帮助学生在经典学习中，通过各种同学们喜欢的教育活动，促进学生在深入思考的同时，自觉继承和弘扬红色基因，感悟中华优秀文化积淀着的民族最深沉的精神追求，体验中华民族生生不息的丰厚文化滋养和深厚的文化软实力，认识中国特色社会主义是植根于中华文化沃土、反映中国人民意愿、适应中国和时代发展进步要求，有着深厚历史渊源和广泛现实基础。初中则以十分钟队会、讲故事比赛为主要形式，让学生更多地了解史实和优秀革命人物。一代又一代的仁人志士的爱国情怀、勇于担当的无畏气度，革命者的事迹和誓言，一次又一次地出现在学生的作文、周记里。

在教育活动中，我们以校级和班级"梦想·责任"的公开主题校班会作为活动小结，很多学生发言时都自觉地把自己的成长发展与实现伟大中国梦联系起来。少先队大队干部代表说："我们青年人就是实现国家强盛的希望，周恩来29岁领导南昌起义，毛泽东34岁领导秋收起义，他们都是敢负责、勇担当，兴邦兴国的中流砥柱……"高中毕业班代表说："我们是'00后'，是新生的一代，但我们也是在中华优秀文化哺育下茁壮成长的一代，作为肩负着强国兴邦责任的当代青年人，我们应该毫不犹豫地担起圆梦的责任，站在圆梦的战斗一线，把中国之梦视为进取之梦，奋斗之梦、人生之梦……"高中"经典选读"选修课代表说："实现中国梦是我们的责任，为了这份责任，我们应该从现在做起，为中华创造辉煌……""我们的尽责、追梦人生必须踏踏实实，坚持不懈……"据团委和少先队的统计，活动开展后的一个月里，学校报名参加少年团校和青年党章学习小组的人数增加了近20%。

我们在努力阐释"学会负责——兴国圆梦勇担当"主题内涵的同时，精心设计组织了系列实践活动。我们希望学生懂得，在今天的社会环境下，我们个人在具有较大自主性、独立性的同时，还必须担负相应的责任，其中包括对国家、对民族、对社会、对集体、对他人，当然也有对自己的责任。这些责任是历史赋予我们的使命。

我们组织学生开展问卷调查，让学生"自己看自己……"；鼓励学生走访老师和家长，了解"师长希望我们……"；组织"第三只眼看自己"初中征文比赛，让学生自己剖析同伴的"责任感"现状。我们组织高中生开展《走进社会大课堂》活动、做社会调查，了解"时代期望我们……"，开展调查报告交流评比……同学们深刻感觉到，同伴中表现出的正能量正在促进、激励大家相互提高，但由于各种影响，现在同伴中的责任意识出现了一些问题。如对自己没有责任，得过且过，不思进取者，有之；对家庭没有责任，一味索取，淡薄孝心者，有之；对他人没有责任，敷衍了事，淡漠诚信者，有之；对集体没有责任，强调个人自由，不讲基本规则者，有之；对社会没有责任，不愿奉献者，也有之……同学们强烈地意识到，责任是一个人立身处事的基础、道德的源泉。扫"天下"要从扫"一屋"开始，负责和担当应从现在做起。少先队、团委、学生会通过不同渠道向全体学生发出了"做有责任感的市十学子"倡议。

（二）在传承中创新，在创新中传承

我们在主题教育活动中特别关注继承和弘扬我国人民在长期实践中培育和形成的美德。同时，我们也感到必须坚持社会主义核心价值观，并努力在传承中创新，在创新中传承。

在主题教育活动中，对"仁义礼智信"的传统道德准则，我们以现代阐释，即：其"服务人民"者，仁也；"崇尚科学"者，智也；"热爱祖国、团结互助"者，义也；"诚实守信"者，信也；"遵纪守法"者，礼也。而其"辛勤劳动、艰苦奋斗"者，则是"君子自强不息"的传承发扬。以此为例，我们要求各学科教师在红色基因的教育教学中必须坚持在传承中创新、在创新中传承。在学校的德育年会上，部分老师介绍了自己教学中这方面的鲜活的实例，大家表示，要努力使红色基因成为富有时代价值和现实意义的经典，成为我们主题教育活动不竭的源泉。

在"学会尊重——文明友善尚和谐"的系列主题教育活动中，我们要求老师们结合学科内容在课内外指导学生学习与"尊重"主题相关的同时，与学校的内涵建设联系起来，与现代社会对青年的道德新要求联系起来。

老师们在经典文章中，挑选了很多关于"尊重"的名言警句，强调"尊重"是做人的基本道德准则，只有尊重他人，才能得到他人的尊重。学生在学习和诵读中对此都有很深的印象。

在《经典演绎》的文艺表演中，初中学生用小品演绎经典事例来说明交往中相互尊重的重要性，尽管台上学生的表演还很稚嫩，但台下学生看得津津有味。无论是小演员，还是观众，都通过生动的形式明白了其中的道理。

学生们对"尊重别人的人，别人也会尊重他"的道理印象深刻。学生会的一次例行学生问卷调查数据显示，100%的学生对"相互尊重是我们应该继承的""相互尊重才能构建和谐校园"表示认可。在学校的升旗仪式上，曾有高一的学生这么说："有尊重真诚之水浇灌青春之树，友谊之花开满整个世界……"校园的和谐氛围更浓了，教师反复叮嘱正在争着帮忙搬动实验器材的学生"小心摔跤"，高中学生背着不慎受伤不认识的初中小同学一路跑向校卫生室却不留姓名，课余在操场上因一言不合、互不服气而拔拳相向的初一学生在《尊重 友爱》十分钟队会上相互道歉……孩子们懂得了相互尊重是中学生应该传承的美德，是中学生与人友好交往的基本道德素养。

但我们的工作没有到此为止。我们尝试以现代意识、现代观念，以培育和弘扬社会主义核心价值的自觉，去开掘红色基因的时代意义。我们把传承红色基因与"建立和谐校园，收获幸福人生"学校内涵建设目标联系起来，使之成为学生"崇尚和谐"的基本践行路径；与"建设和谐社会，实现伟大中国梦"联系起来，使之在更高的思想平台上理解"尊重"的意义。

在少年团校、青年党章学习小组的开班学习中，第一讲就是"和谐社会的建设"。目的就是让学生骨干、学生干部懂得，"和谐"是中国人文精神的核心。"相互尊重"的友善行为，是文明的体现，是"和谐"的前提。有了尊重，才会有安定；有了尊重，才会有和谐；有了尊重，才会有发展。这是我们构建和谐校园、和谐社会的道德基础。

我们根据现代社会对人的道德要求，进一步丰富了"尊重"的内涵，即尊重自己、尊重他人、尊重社会（规则）、尊重自然、尊重知识、尊重劳动等，并努力把这些从优秀文化精华中、从红色基因传承中延伸出来的德育元素，渗透在学校精心设计的每月教育活动中，细水长流，潜移默化。

学校以"阳光市十、和谐校园"为行动口号，提倡干群的和谐，教师间、学生间、师生间与校园生态环境间的和谐，并确定了学期中每个月的学校教育基本内容和形式，各年级根据特点，确定适切的分目标，选择最合适的切入点和教育内容。另外，各班级根据学生特点，开展有计划的教育活动。

（1）1月幸福阅读成长月。"金色知识，智慧学习"学习方法及考前教育，"绿色悦读生活"优秀经典书目推荐及假期读书指导（尊重知识方面的教育）。

（2）9月仪节教育活动月。开展"迈入市十校园"新生教育活动（对初高中新生进行尊重校规的爱校教育），"老师，我想对您说"教师节活动（尊重教师、尊重教师的劳动的教育），"祖国万岁"迎国庆活动（尊重国旗、国歌、国格的教育）。

（3）10月和谐校园实践月。开展"我的教室，可爱的家"温馨教室文化建设活动，"伸出你的手，献出我的爱"校园志愿者行动，"爱护绿化、爱护校园，文明友善、关爱同伴"少先队倡议活动，学生社团欢乐招募活动（尊重同伴、集体，尊重自然的教育）。

（4）11月快乐体育锻炼月。"我的游戏我设计"健身游戏周（学习制定规则，学习依照规则裁判和仲裁，开展尊重规则的教育），"体育知识知多少"体育博览讲座，"阳光健身，欢乐市十"学校运动会（与兄弟学校共同举行，进行尊重对手，公平、公正方面的教育）。

（5）12月主题班会活动月。以主题谈话和主题班会为主要形式，以年级目标为内容的年级、班级集中教育活动，"学会尊重"主题教育交流，班级活动展示。

　　教师们充分发挥了教育智慧，精心设计和创造了各种适合学生年龄特点的、孩子们喜闻乐见的、能够寓教于乐的符合教育规律的生动活泼的教育形式。学年结束时，教育案例汇编中各年级班主任不仅展示了丰富的教育形式，而且对"尊重"主题框架下多元的德育元素做了联系工作实践的简评。

　　"中国素来是文明之邦。尊师重教，尊老爱幼，必须常做常新。"

　　"遵守规则是尊重社会的底线，也是法治社会、和谐社会的基本要求，加强对学生尊重规则，特别是尊重社会规则意识的培养，内化其尊重社会规则的素养，外化其尊重社会规则的行为，使他们成长为守社会规则、守社会公德的合格公民，是我们教师的责任。"

　　"人是自然之子，尊重自然是人类的责任和义务。违背大自然，破坏大自然，会受到大自然的惩罚。应该教育学生从小敬畏大自然，尊重大自然，珍爱生命、保护环境。"

　　"尊重劳动是社会发展的基础和根本。劳动创造了世界，甚至创造了人类本身。尊重知识、尊重人才、尊重创造，与尊重劳动具有内在的、本质上的一致性，是尊重劳动尤其是现代社会劳动的必然要求。"

　　老师们在教育中坚持在传承中创新、在创新中传承，坚持关注红色基因的学习与当代社会相适应，与现代文明相协调，努力走进当代青年学生的精神家园，引领、帮助他们在红色基因的学习中，在社会主义核心价值观的努力践行中，不断获得感悟和体验，使之成为精神支柱、价值内核、理想信念、科学方法。

　　（三）强化知行合一，倡导自省修身，提升学生的综合道德素养

　　知行合一，革命人的务实态度构成了中华文化的鲜明特色。我们在系列主题教育活动中坚持"知行合一"，本身就是对红色基因的认同和坚守、对学生的示范和引领，也是对时下社会上、校园里"言行不一"的现象的批判和抵制。

　　上海市教育科学研究院普教所曾发布一项调查，超过80%的中小学生认

为应当帮父母做些自己力所能及的家务，但真正主动干些家务事的只有58%，偶尔自己洗洗袜子的也仅占50%左右；94%的中小学生十分反感乱扔纸屑，但能主动捡起的人仅占40%。他们知道应当爱护和保持公共卫生，但是还是不能杜绝胡乱丢弃废纸的陋习。很多学生明明知道应该怎么做，但就是没有这样去做，明明知道这样做是不对的，但还是这样做了。

要解决这样的教育困境，我们必须进一步强化知行统一，在传承和弘扬红色基因的教育活动中，我们必须精心地为学生设计、搭建实践的舞台，必须更加关注学生的感悟、体验。

以前面提到的"学会负责——兴国圆梦勇担当"系列活动为例，针对学生中存在的问题，我们确定了"市十学生责任教育"的内容和要求，不追求"高、大、尚"，但注重"细、小、实"。以年级为层，分层实施，整体推进。力图使"负责、担当"的核心价值落实在学生的行为实践上，成为我们市十学子的一种行为习惯，融化在他们生命的血液里，成为他们生命的有机组成部分。

（1）学会对自己负责。学会珍惜生命，要求他们养成良好的生活卫生习惯，注意安全；学会求知，要求他们刻苦学习，立志成才；学会生活，情趣健康，善于调适自己的心理状态。

（2）学会对他人负责。从小事做起，在各种服务岗位上体验对他人的责任。敬老爱幼、帮助残疾人；惜时守信，答应别人的事一定按时做到。

（3）学会对集体负责。增强集体观念，积极参加各类集体活动；爱护公物，爱护花草树木。热爱学校、热爱班级，珍惜集体荣誉，尽职尽责做好自己应该做的事，主动承担并出色完成集体赋予的各项任务，为集体争光。

（4）学会对家庭负责。理解对家庭的责任，听取父母正确的意见和教导，经常把学习、生活、思想情况告诉父母；学会料理个人生活，并主动承担力所能及的家务劳动和公益劳动、学会理解、体贴父母长辈，在家庭出现困难时，能主动为父母分忧，把学习与承担家庭的责任联系起来。

（5）学会对国家、社会负责。关注祖国和人类的命运，尊敬国旗、国徽，遵守国家法律、法令；尊重社会公德，遵守公共秩序；爱护国家利益，维护国家荣誉，树立民族自豪感，自尊心和自信心。

（6）学会对人类赖以生存的自然环境负责。学会正确认识人与自然的关系，努力学习环境知识，提高环保技能；树立良好的环境道德观念，自觉遵守环保政策法规，爱护环境。

我们根据学生的年龄特点，分层开展教育。初中预备年级组根据年级学生的年龄特点和起点年级入学教育的需要，把责任教育与行为规范教育相结合，并以此为内容召开了主题班会："行为、礼仪与责任""责任与我们同行""用这样的方式爱你——尽责任、树新风""责任、义务与集体荣誉感"。班主任精心设计，学生自己主持，教育的目的是帮助他们更好地认识在集体生活中自己的责任，把养成好习惯与对自己负责，对集体负责紧密联系起来。在行为实践中我们引导学生先从身边一点一滴的小事做起，从节水、节电、爱护公物、爱护校园绿化开始，使学生逐步自觉地担负应尽的义务和责任。高中年级组则引导学生进行自我教育、自我完善，明善恶、知美丑、扬善避恶，完善自我人格；重视修身在个人成长发展中的作用，通过修身来提升个人的精神境界，注重个体修身与国家、社会兴衰存亡的密切关系。我们用必修课的形式，为高中学生诠释中国文化中的"修身"八目：格物、致知、诚意、正心。这是"修身"的途径和方法，齐家、治国、平天下是"修身"的归宿和目的。以修身为本，修身立己，由己及人，以德治国。修身就是要善于反思自身存在的问题，通过自省，可以反思自己的过失和不足，从而在以后的言行中多加注意，逐步达到"慎独"的境界。

我们在高中年级开展学生个人自主发展行动规划的制订即实践活动"我的人生我规划"，引导学生在自我规划中，实践和体现自己的责任感。我们鼓励学生把个人的成长发展与国家的前途命运联系起来，在行为实践中更注重把责任感落实在学校生活的自主、自理、自律中。教室里，学生自我激励的"班级心愿树"、班级学生反复讨论后共同确定的"班级励志标语"、学生们充分表达意见后共同协商制定的"班级公约"，都在告诉我们学生自我约束、自律成长的历程。

我们把大型的集体教育活动与日常细致的责任教育活动结合起来，采用学生容易接受的活动形式，让学生在中华文化、红色基因的熏陶中潜移默化地接受正确的世界观、价值观、人生观，自觉地去传承红色基因，去规范、约束自己的行为，在实践体悟中增强责任感和使命感。

少先队组织队员们为"育新外来人员子弟小学"捐赠书籍。简短而隆重的捐书仪式上，不仅有学生现场捐赠图书 693 本，还留下了他们尽责后幸福的微笑。学生会在组织大家观地震灾区的视频录像后，发出捐款倡议：帮助灾区是我们的责任！全校各班成立了志愿者服务队，定期定点开展多种形式的服务工作。学生们去敬老院为老年人读报和表演节目，到豫园当小导游，到古城公园清洁环境，利用暑期主动到街道当见习居委干部、交通协管员、小小保洁员，"绿色青春环保志愿者社团"举行"减塑，你我同行"活动，社团成员们精心设计宣传材料，以物易物，用环保袋换取回收塑料袋……学生们在为他人服务、为社会服务的同时感悟和体验着优秀传统文化的真谛，提高了责任意识和社会责任感，自觉传承和弘扬着红色基因。

为了让学生学会负责，我们开展了不同层次的教育，如对自己负责、对家庭负责、对学校对集体负责、对自己生活的城市负责等，我们还给学生搭建了不同的实践舞台。

我们根据学生不同时期的学习情况和心理特点进行的相应主题的心理讲座，如"穿越心灵的红海""积极心态的调整""揽镜自照——高三考前心理讲座""从容面对六月天"等。为的是使学生能积极地悦纳自我，以对自己更负责的人生态度，以更好的精神状态投入活动。

我们坚持定期举行"校长学生面对面"活动，为缅怀我校建后的第一任校长吴若安先生的"铜像前举行献花仪式"，"唱响市十"校园歌声大赛等活动为的是增强学生在校当家做主、共建和谐校园的意识和责任感。而指导学生创立论坛、组织"劲绣"小记者团、"精彩 30 分"广播台、"纵横"电视台……为的是让学生对自己的校园生活营造集体舆论的正能量，提高学生明辨是非的能力，让学生在实践中进行自我教育、自我认识、自我完善。

丰富多彩的不贴教育标签的活动受到了学生的欢迎。"幸福的一家"为主题，要求学生捕捉家庭"幸福"瞬间，并配以文字说明，布置在教室的温馨墙上的学生摄影展。"欢乐中国年"开展春联征集活动、"探索城市魅力，绘制红色文化地图——市十学子绘上海"活动等，这些活动有的凸显了为家庭负责的主题，有的很有"红色经典品味"，有的与我们生活的城市有关，"很接地气"，可以激发学生的自豪感、责任感，参与者踊跃。

为了让知行统一落到实处，让学生学有榜样，我们要求教师要起到好的示范榜样作用。以"学会尊重——文明友善尚和谐"系列主题教育为例，我们在学校管理中倡导"尊重"：尊重学生、尊重老师、尊重同学、尊重家长、尊重社区……并要求全校师生在红色基因的浸润下共同努力践行。我们重视校园的一草一木，橱窗板报，乃至楼梯过道，操场围墙都是构建以尊重为核心的人文环境的重要元素。我们重视校门口的一个敬礼，楼道里的一抹微笑，操场上整齐的队伍，课堂中互动的节奏……那是师生们创造的人际和谐。我们重视校园内充满人文关怀的气息的环境布置，墙壁上，名人名言、学生书法绘画作品，墨香四溢；宣传窗里，新闻日记、读书心得、文风荟萃……都是师生们创造的环境和谐。我们努力尊重学生的个性，尊重学生的兴趣爱好，尊重学生的个性和人格，尊重不同学生的学习需求，尊重学生的好奇心、求知欲，充分激发学生学习的主体意识和进取精神。善待每一位学生，让每一位学生都感受到老师的关爱，是相互尊重、和谐校园的理想标志……

知行统一，才能使学生在中华文化红色基因的不断浸润和滋养下，提升思想道德综合素养。

三、成效与反思

在红色基因的浸润下，以"做更好的自己"为主题的教育系列在提升学生道德素养，引领学生践行社会主义核心价值观的教育中起到了很好的育人作用。学校正在筹划、设计后两年的系列主题："学会学习——勤学乐学善思考""学会合作——诚信谦让讲民主"。但是，我们还有很多问题需要解决，甚至主题的选择和确定都需要我们联系学生的需要、学校的教育实际，认真思考。

（一）有利于整合课堂教学和课外教育活动的育德成效

教学、德育如何形成合力，一直是最受关注的课题之一。"做更好的自己"系列主题教育作为教学、德育相互融合的平台，可以有效地发挥积极作用。学校为系列主题教育做顶层设计，确定学年主题，制订教育目标，对教学教育，教研组年级组提出学校的总体要求，从整体上协调和发挥学校各类教育资源的作用，因此，能够促进合力的形成，营造浓厚的校园氛围、有利的校园教育环境。由于主题有高度聚焦点，教育指向明确，学习内容集中，因此，教育教学各方在实施中就有了很强的针对性、操作性、协调性，使课堂教学和课外教育活动在活动平台上得到了有效整合，提升了育德成效。

传承和弘扬红色基因，培育和践行"富强、民主、文明、和谐、自由、平等、公正、法治、爱国、敬业、诚信、友善"社会主义核心价值观，都应该让我们的学生得到长期的系统的学习、教育和熏陶。而如何处理好系统学习和系列主题教育之间的关系，是我们必须认真思考的。

（二）有利于多元德育元素的挖掘

红色基因内涵丰富，我们的系列主题教育活动会每次聚焦其中的部分经典，深入学习、反复体验，以使学生获得更深刻的印象、更真切的感悟。当我们把这些学生已经感同身受的文化精华、红色经典与当代社会及现代文明对他们的新的道德要求联系起来的时候，主题教育活动中就会充溢着教育所亟需的各种德育元素。学校的德育室老师曾做过粗浅的统计，以"尊重"主题为例，整个活动过程中，被班级、年级、学校有意识强化的德育要求多达26项。更可喜的是，学生会组织的问卷调查中，有91%的学生对参加的活动表示满意和较满意，比前一学年上升了11.5%。活动潜移默化、润物无声地提高了学生的满意度。

活动得益于老师们能坚持"传承中创新，创新中传承"的原则，从系列主题教育活动本身的特点出发，精心设计，使这些丰富的德育元素在活动中与我们的主题教育有机结合，水乳交融。

但系列主题教育的目标系统应该更明晰，需要主次分明、层级分明、条块分明，使之实施有序、效果可见，避免班级之间、年级之间因为积极性的高低，或教师或学生干部的能力差异等因素形成太大的教育差异。

（三）有利于教育中知、情、意、行的统一

德育过程是知、情、意、行相统一的过程，是学生将德育要求不断内化的过程。在"做更好的自己"系列主题教育活动的平台上，在红色基因的传承中，我们不仅加强了文化认知、认同，而且也在师生们共同营造的充满激情的红色基因文化的激荡中升华了情感。在这个平台上，学生们学有榜样，道德实践有渠道，感悟体验有引导。充满哲理的经典、鲜活的形象、昂扬的民族精神……传承和弘扬红色基因教育活动为我们提供了无尽的教育资源，促进了学生知、情、意、行的和谐发展。

不过，良好的道德素养不是一次形成的，而是需要反复多次地教育养成，这就需要我们坚持把红色基因的传承与日常的教育结合起来，坚持做艰苦、细致的教育工作，坚持组织有效的行为实践活动，坚持开展有创意的评价活动，坚持知、情、意、行的统一。

艺术有信仰 青春有担当

——上戏附中红色基因融入高中生文化底色经验总结

上海戏剧学院附属高级中学　朱星月

红色，是国旗的颜色，"红色教育"是学习共产党人英勇顽强、不屈不挠、矢志不渝、牺牲奉献的事迹和精神的思想教育。"红色教育"是爱国主义教育的重要组成部分，更是社会主义核心价值体系的精髓。

青春是人生最美好的时节。中国文化启蒙运动的先驱、中国共产主义运动的先行者陈独秀曾为青春讴歌："青春如初春，如朝日，如百卉之萌动，如利刃之新发于硎，人生最宝贵之时期也。青年之于社会，犹新鲜活泼细胞之在身。"

上戏附中在办学的历程中，始终坚持把红色基因融入高中学生文化底色作为学校工作开展中重要的一环，走出了一条将红色底色与学校情况相融合的特色之发展之路。

一、课程主体 多维创设平台

2018年5月2日，习近平总书记在北京大学师生座谈会上强调："我们的教育要培养德智体美全面发展的社会主义建设者和接班人。"一直以来，上戏附中坚持以立德树人为首要根本任务，深化教育教学改革，以学校课程的这条生命线为主体，搭载学校个性化3D课程的多维平台，将红色底色融入课程教学，切实培育学生的家国情怀与红色精神。

（一）基础教学课程

课堂是学校的主阵地，将红色文化融入课堂，发挥课堂的主渠道作用，是学校坚持红色底色、实现立德树人教化作用的重要场域。我校结合学校戏剧艺术特色，创新性地引导课堂教学，将戏剧教育中"角色、体验、合作、生成"四大维度与红色底色教育有机的整合在一起。定期开展戏剧红色主题教学研讨，如历史教研组依托"青史杯"高中生历史剧大赛，创作了一批富于时代性、历史性的经典剧目，切实引导青年学子在历史主题书写中传承和弘扬优秀中华传统，形成正确历史观，树立正确的世界观、人生观、价值观。语文组在基于课本内容的基础上，将文言文以课本剧的方式排演，演绎传统文化；艺术组将教材内容以模块化形式创新性的整合，对传统中国美术中的造型艺术、中国音乐中的民族音乐、舞蹈艺术进行系统化梳理，并以现代的方式进行表达；政治组针对时政热点，教师轮番上阵，对十九大精神、社会主义核心价值观等进行全校宣讲。"红色课堂"将丰富的实物史料转化为爱国爱党教育的鲜活教材，使广大学生在"听、学、思、悟"的过程中，不断增强对红色历史的体验度、鲜活性，在"身临其境"中真正触及思想、震撼心灵。

（二）幸福之旅课程

学校幸福之旅课程作为学校个性化课程中重要的一环，采用体验式课程实施策略，注重操作、实践，并指向体验中的生成。学校将课程与红色教育有机融合，在课程中厚植爱国主义情怀、培育品德修养，培养青少年奋斗精神，培养为建设社会主义现代化强国和中华民族伟大复兴历史使命的有用人才。

"红色之旅"课程组织青年党校、团校学生前往南京、嘉兴、井冈山参观学习，重走红色根据地，缅怀前辈浴血奋战之不易。"采风之旅"课程，以红色气息浓郁的北京、山东等地为主体城市展开，如天安门下感受大国气概与人民解放军的铮铮铁骨，孔庙中追溯千年的文化血脉。尤其是我校广受赞誉的"公益之旅"课程，更是由校党支部、团委牵头，在八年的摸索中走出了一条适合附中的艺术人文公益之路。静安区红色历史故居众多，是感受红色文化、增强团员和广大学生爱国、爱党情怀的重要载体，由团委、团支书组织，结合学生特点积极开展公益志愿活动，组织戏文班同学为淞浦特委"红色故事会"经典红色小故事进行剧本写作、播音班同学担任刘长胜故居博物馆讲解员等工作。此外，在做公益的过程中亲临历史，增强爱国情怀。以团课来说，本学期，我们依靠博物馆馆教结合的优势利好，邀请了静安区政协委员、静安文史馆张辉主任为入团积极分子开展"静安红色文化"专题系列讲座，用身边的红色故事激励着同学们奋发向上。

二、特色融合 艺术传递历史

2014 年 10 月 15 日上午，中共中央总书记、国家主席、中央军委主席习近平在北京主持召开文艺工作座谈会并发表重要讲话。他强调，文艺是时代前进的号角，最能代表一个时代的风貌，最能引领一个时代的风气。实现"两个一百年"奋斗目标、实现中华民族伟大复兴的中国梦，文艺的作用不可替代，文艺工作者大有可为。广大文艺工作者要从这样的高度认识文艺的地位和作用，认识自己所担负的历史使命和责任，坚持以人民为中心的创作导向，努力创作更多无愧于时代的优秀作品，弘扬中国精神、凝聚中国力量，鼓舞全国各族人民朝气蓬勃迈向未来。

上戏附中作为一所艺术特色普通高中，校内活动众多，在各类活动中，学校始终坚持以红色精神引领学校大小活动的开展。

（一）主题节日 奏响红色回声

读书节作为学校重大节日以培养学生良好阅读习惯为重点，努力以新颖活泼、形式多样的读书活动为载体，营造内涵丰富、特色鲜明的校园文化，形成良好的读书风气。为增强学生时刻关注时事政治的意识，促使学生熟练掌握国家的政治、经济、文化等方面的知识，培养我校广大中学生了解国际国内形势，关心时事政策，增长社会知识的兴趣，增强爱国主义热情和民族精神。学校教学中心依托党支部、政治组力量，面对全体学生开展时政竞赛，采取全校统一命题的方式，进行闭卷考试与答题。各班优胜者晋级为校级辩论赛选手，以时政热点为论点，面对全校开展午间辩论赛，在辩论与沟通的过程中传播红色思想，普及时政知识。

（二）艺术创造 彰显红色情怀

20世纪30年代，冼星海、马可等一大批有信仰的爱国优秀年轻文艺工作者，冲破了敌人重重封锁奔赴延安。他们在延安文艺座谈会以后，深入生活、扎根人民，进行艺术创作，产生了包括《黄河大合唱》在内的一大批富于时代气息的经典作品。

民族的伟大复兴，从来离不开文化精神的涵养。上戏附中作为以孕育未来艺术家为己任的文化摇篮，始终高举弘扬中华优秀传统文化和红色文化的大旗，坚持将红色基因贯穿在学校艺术创作的始终。多年来，涌现出一批红色经典作品剧目。群舞《弄潮儿》以朝夕与潮水间周旋的水手的故事，赞颂那些迎着风浪而上，披荆斩棘奋斗的中华儿女；《黄河》采用古典的西方舞蹈形式，表现中国现代革命的波澜壮阔。朗诵剧目《沂蒙颂》《国旗颂》等，用声情并茂的语言，歌颂赞美祖国母亲。合唱《在灿烂阳光下》《我和我的祖国》用深情的歌声，献礼改革开放40周年。

在活动开展方面，我校积极发挥党团员的带头作用。在我校的各项活动中，团委、学生会同学都发挥着主力军的作用，小到一个场务、大到执行导演，均由团委、学生会同学领衔，在市区一级层面，积极组织学生参与由团市委、团区委组织的各类活动。如今年11月，参与团区委举办的静安区"新青年、爱公益"社团路演，并被团区委选中作为全区的三个社团之一在12月30日登上喜马拉雅大观舞台静安区公益迎新音乐会的演出；12月参与区共产主义学校的结业典礼，承担主持工作；同月，在共青团中央网络影视中心主办的第四届"青春影像"全国大中学生原创作品大赛中，学生自编自导自演的剧目《奖学金》在2000余部作品中突破重围，荣获了中学组三等奖，我校荣获了优秀组织奖称号。各种奖项，不一一列举。

（三）媒体阵地 传播红色精神

我校党委、团委积极响应结合党中央、团中央的号召，抓好网络阵地，加大"向网上去"的步伐，结合学校特点，以特色活动带团，以信息化媒介创新管理，将理论与实践相结合，探索红色精神传播的多途径策略。校党支部始终坚持运用好网络阵地，将党内重要思想、党员活动等经由校园网，微信公众平台等阵地进行宣传。校团委则借助微信公众平台板块"学生园地"与校园广播"附中FM"为例。每周，在校团委的指导下，由团委宣传委员组织，带领宣传部、戏文班同学对本周学生动态、校园重大新闻进行整理并撰稿成文，于周五"学生园地"板块进行投放，其内容涵盖入团仪式、重大活动、团委、学生会招新、社团等校园的方方面面。校园广播"附中FM"则由团委文艺委员组织，带领文艺部、播音班同学进行同步播报，双管齐下，让团的声音在校园内更加嘹亮。校德育部门、语文组等也在"青春放映室""约伴悦读"等平台中，融入红色电影、书籍的介绍，红色底色借助新媒体平台而更广泛的覆盖到附中的每个角落。

三、重点突出 仪式深化认知

习近平总书记在2018年全国教育大会上指出，要在加强品德修养上下功夫，教育引导学生培育和践行社会主义核心价值观，踏踏实实修好品德，成为有大爱大德大情怀的人。

人的一生中会经历各种各样的仪式，每一种仪式都是一种生命的体验，它标志着人生从一个阶段走向另一个阶段。因此，仪式在教育活动扮演了非常重要的角色，是培养大爱大德大情怀的重要途径。

我校极为重视仪式活动的教化作用，在各类仪式活动中，红色基因始终作为一种贯穿始终的底色，指导各类仪式活动的开展。

（一）回溯历史 升旗贯穿底色

升旗仪式，是爱国主义教育的启蒙，更是进行爱国主义教育和集体主义教育的重要手段。除了规范升旗仪式流程外，在升旗仪式中，每周主题与重大历史时刻、时政热点紧密相连。除了铭记历史的"一·二九运动""南京大屠杀纪念日"等活动，继往开来的"改革开放40周年""建国70周年""五四百年"等周次主题仪式活动；每学期均设置固定板块，如本学期就设置升旗仪式固定板块"我和我的祖国"，每周值周班级均以不同的形式，传递爱国热情，红色底色，沉淀在附中学子的心底。

（二）全面覆盖 歌声承载历史

"传唱红色经典，弘扬革命精神"之"班班有歌声"红歌会，是上戏附中是党委着力于爱国主义教育和集体主义精神培育的特殊学习活动，是践行社会主义核心价值观，引导师生不忘初心，牢记使命，爱岗敬业，开拓进取，增强凝聚力的活动之一。

我校红歌会在每年9月举行，历时近两个月，覆盖学校所有师生，是附中一年一度的视听盛宴。活动由艺体组牵头、指导并教唱红色经典歌曲，各班发挥自身特色，以班级艺术特色为红歌添砖添彩，为了保证演唱的高标准，不少老师同学牺牲了休息时间排练。红歌唱出了附中的精气神，更传递了红色精神，抒发了革命情怀，学生的理想信念也在一次次歌声中得以深化和牢固。

（三）资源整合 仪式助力成长

责任是生命赋予我们的天职。一个人可以不富有，可以不伟大，但不可以没有责任感，只有扛起责任才能扛起生命的追求与信念。高中生处于成人前的关键时期，担负着祖国的未来，学校通过各类仪式建立起学生对国家民族强烈的责任感，学会感恩社会，积极报效祖国，成长为知行并举、德艺兼修、人格完善的附中学子。

以成人仪式为例，在场馆的选择上，我校通常以红色革命气息浓郁的历史性场馆为主。今年的成人仪式的第一站选在龙华烈士陵园，同学代表敬献花篮，在奏响的国际歌声中，追思"丹心碧血为人民"的革命烈士，并在校党支部书记的带领下，将《中华人民共和国宪法》举在胸前，右手握拳宣誓，面向国旗校旗，宣读成人誓言。成人仪式的第二站则选在上海交通大学，参观上海交通大学校史馆、航运馆、钱学森图书馆等，领略到顶尖学府的人文气韵与科学精神。以成人仪式承载祝福与教化功用，引导附中学子成为懂得感恩祖国，珍惜生活，为梦想奋斗的社会主义接班人。

四、成效显著 收获累累硕果

在红色文化的浸润、红色场域的熏陶下，全校师生理论素养不断提升，合力持续增强。广大教师更全身心地投入教育工作，用心教书、潜心育人，广大学生更端正思想，刻苦拼搏、锐意进取，多年来硕果累累。学校继之前荣获"全国先进单位""全国巾帼文明岗"等荣誉后，近几年又先后被评为"上海市共青团示范校""2017 静安区五四红旗团组织""2018 上海市五四红旗团委"等荣誉，教师指导红色剧目在"童心向党不忘初心"、"龙华魂"、上海市中小学生 2018 年暑期课本剧会演活动、上海市中小学生"感受经典 温润心灵"影视教育系列活动影评征文比赛、百年树人电影阳光行系列活动——微电影大赛中、共青团中央网络影视中心主办的第四届"青春影像"全国大中学生原创作品大赛等活动中斩获金奖、第一名等好成绩。

五、结语

强国必先强教。教育是国计，也是民生；教育在于今天，更在于明天。大力发展教育事业，是全面建设小康社会、加快推进社会主义现代化、实现中华民族伟大复兴的必由之路。上戏附中将坚持育人为本，以红色为学校发展的底色，锐意改革创新，为中华民族伟大复兴做出自己的贡献。

风正好扬帆，色纯好作画。引领新的历史航程，绘就新的历史画卷，需要正风纯色。上戏附中将努力培养"有激情、懂感恩、爱祖国、知责任"的新一代青年人,引导他们保持奋进激情、全面完善自我,懂得感恩报恩,担起时代责任,永远热爱我们伟大的祖国,永远热爱我们伟大的人民,永远热爱我们伟大的中华民族,让他们的青春在个人成长与时代进步中焕发出更加绚丽的光彩!

寻找生命的色彩 感悟红色基因

——上大市北附中江西红色之旅研学活动方案

上海大学市北附属中学　孟晓玮

为深入贯彻《国家中长期教育改革和发展规划纲要》《中小学德育工作指南》等文件精神，全面推进素质教育，深化基础教育课程改革，让学生能在旅行的过程中陶冶情操、增长见识、体验不同的自然和人文环境、提高学习兴趣，同时能引导学生接受红色革命传统和中华优秀传统文化教育，全面提升学生综合素质，经校长室研究决定，结合我校实际校情，开展学生研学活动，具体方案如下。

一、活动时间

2018 年暑假期间

二、活动主题

寻找生命的色彩，感悟红色基因

三、活动目标

（1）引导学生学习革命精神并思考它的当代意义。

（2）引导学生体验中华文化之美和人文情怀。

（3）引导学生了解历史的同时感受当今社会发展的现状，明白生活的不易，从而把握现在、展望未来。

（4）把研究学习和社会实践融合的模式，在旅途中进行研究性学习，完成学习报告。

四、活动内容

（1）了解新农村及学校建设。走访姜宅小学，分组走访农户家，赠送体育用品和书籍。

（2）探寻红色革命历史。参观上饶集中营、一苏大、二苏大会址、红井根据地遗址、云石山旧址（长征第一山）、方志敏纪念馆、中央革命根据地历史博物馆（共和国从这里走来）、八一起义纪念馆等；举行瞻仰烈士和献花仪式。

（3）感受中华文化之韵。参观滕王阁、江西博物馆，穿汉服、念古诗、学习排箫的演奏、观看和实践沙画艺术。

（4）制定并实施小组研究性课题。参观前，分组讨论并制定课题研究方案；参观中，学习并收集研究所需材料；参观后，梳理、调整并进一步实施课题。

（5）感恩教育。研学旅行之后，学生自发用文字、照片制作视频来感谢老师。

五、活动准备

（1）活动前期动员及说明。

（2）学生自主报名，经过面试等确认参与名单。

（3）对学生和家长进行前期安全教育和活动说明。

（4）对活动内容和目的地、行程安排等进行前期了解，并根据指导老师给出的建议课题研究内容进行相关资料收集，学生择定自己感兴趣的研究内容方向。

（5）学生根据选择的课题进行分组，召开课题准备会，同组学生进行分工。

（6）召开行前说明会。

六、活动过程

	地点	活动内容
Day1	上海—上饶	1. 参观姜宅小学，举行捐赠仪式，为学校体育室和图书馆捐赠体育用品和书籍； 2. 与当地的教师和学生访谈； 3. 走访当地农户，慰问并捐赠书籍； 4. 指导教师就每组学生的研究性课题进行单独辅导
Day2	上饶—瑞金	1. 参观上饶集中营，包括：纪念馆和旧址 （部分学生选择上饶集中营作为研究对象，主要研究集中营的酷刑、中外集中营的比较等）
Day3	瑞金	1. 参观一苏大会址，并举行烈士瞻仰和献花仪式； 2. 参观二苏大会址、红井旧址和云石山旧址（长征第一山）； （部分小组以一苏大、二苏大为研究对象，主要包括：一苏大、二苏大的历史背景、举行规模、意义等各方面的比较研究，一苏大、二苏大对共和国的影响力研究等） 3. 指导教师对每组的研究性课题进行跟踪指导
Day4	瑞金—南昌	1. 参观中央革命根据地纪念馆、方志敏纪念馆
Day5	南昌	1. 参观八一广场、学唱军歌； 2. 参观南昌八一纪念馆； （部分小组选择南昌起义为研究对象，主要包括：南昌起义的意义及其启示、南昌起义与秋收起义的比较、南昌起义究竟是成功还是失败等） 3. 参观江西博物馆； 4. 选取优秀的研究性课题方案案例，供全体学生学习和参考
Day6	南昌	1. 穿汉服、念古诗； 2. 登临滕王阁； 3. 学吹排箫； 4. 观看沙画现场表演并体验沙画制作； 5. 研学文艺汇演
Day7	南昌—上海	1. 完成研学之旅问卷调查； 2. 梳理研究性课题方案

八、活动特色

（1）以研究的视角，带着任务走访并参观红色革命景点，将红色基因融入高中生文化底色。此次研学活动，从研学的角度开展红色之旅，学生在出发前组建研究小组、查阅相关资料，确定研究方向和初步方案，带着研究课题和任务参观景点。通过这样的方式，学生从自身感兴趣的课题主题出发，实现小组分工合作，活动过程中用自己现有知识去探索未知世界。同时，在参观过程中，加入了研究任务，避免了学生走马观花般地"打卡"各参观点，而是能够自发地聚焦文物和图片展示、人物故事等具体内容，也出现了学生向导游和讲解员提问、做访谈的形式，加深了知识的延展，大大提升了学生们学习的主动性和探究性，将红色革命教育以渗透的方式主动置入学生文化底色认知中。

（2）在传统的红色之旅中，融入了中华文化的体验。将优秀传统国学文化的学习和体验融入其中，主要包括：穿汉服、念古诗、登临滕王阁、学吹排箫、观看和体验沙画等。学生在体验中不仅增加了本次研学之旅的趣味性，也通过亲自实践而不是被动告知和接受来感悟中华文化的魅力。

（3）兼顾古今、新旧的对比，不仅聚焦革命精神的传承，也强调新中国下的农村、教育、社会、人文等建设。本次研学活动中，我们更关注红色精神和历史发展的现实意义。因此，我们特地安排了学生们参观姜宅小学和农民的居住环境，了解改革开放以后农村小学和农村生活环境的发展情况。我们还有意安排了江西博物馆的参观，引导学生了解古代文明之余，了解客家文化、江西发展概况等。

（4）研学之后，注重总结，在完成反馈问卷的同时，学生自发地实施感恩教育。研学活动结束后，完成反馈问卷，总结活动得失，并深入思考整个研学过程中的收获，比较活动前后自身对红色革命传统教育的认知变化。通过文字、图片、音频、视频等形式总结活动过程，表达对同伴和老师及工作人员的感恩之情。

附1：研究型课题研究（建议）

序号		类别
1	上饶集中营与奥斯威辛集中营的对比研究	社科类
2	革命年代上饶集中营志士们对敌斗争形式研究	社科类
3	上饶集中营革命斗争胜利的原因及启示	社科类
4	高中生眼中的上饶集中营文化	社科类
5	以"上饶集中营"为主题的校本教材/主题班会设计	教育类
6	上染集中营的旅游开发/项目管理	管理类
7	知青文化的内涵研究（历史、社会价值）	社科类
8	知青时代知青群体与当地居民和谐关系研究（口述史）	社科类
9	后知青时代知青群体社会意愿/生活状态的研究	社科类
10	知青文学（绘画、电影、小说等）的研究	文学类
11	回顾南昌起义，传承新时代下的八一精神	社科类
12	南昌起义与秋收起义/湘南起义的比较研究	社科类
13	当代美术作品中的"南昌起义"研究	文学类
14	南昌起义中的 XX 研究	社科类
15	南昌市青年创业情况的调研报告	社科类
16	青年创业的影响因素研究	管理类
17	上海市和南昌市创业的对比研究（创业思路、环境等）	管理类

附2　江西研学活动回顾问卷（附高频词回答）

一、信念篇

1. 你最初认为的"研学活动"是什么样的？

回答：增加学生对红色历史的了解、感受大自然

2. 回顾这 6 天，按照你的理解和感悟，请你给"研学活动"下一个定义。

回答：了解红色历史、增强国家归属感

3. 研学之前你也一直听到"红色""红色政权""红色之旅"吧，那个

时候你觉得什么是"红色"?

回答：以前革命战争的历史

4. 经过 6 天的学习和参观，你现在对"红色"的印象是什么?

回答：共产主义的创建

5. 现在请你用 3 个词或词组描述你心中的革命精神具体是指什么?

回答：坚强、忠诚、患难与共

二、景点篇

6. 你印象最深的景点是哪一个? 为什么?

回答：上饶集中营旧址，里面用刑的东西让我们触目惊心

7. 旅行中，你最开心的事是什么?

回答：和小伙伴们一起爬山

8. 旅行中，你最遗憾的事是什么?

回答：没有爬完全程

三、人物篇

9. 研学营中，你最欣赏的人是谁? 为什么?

回答：李晓园，她一直帮我们做很多事情

10. 研学营中，你最想感谢的人是谁? 为什么?

回答：仇老师，一直为我们的事情很忙

四、结语篇

11. 请你用 2—3 句话向家长描述整个江西研学活动的概况

回答：学习了很多红色历史，精神

12. 请你对本次江西研学活动提 2—3 条建议。

回答：希望能把时间安排的更好一点

附3 学生感受

学生对江西红色研学之旅的印象

一、前印象

对江西的印象是热、辣，但等我们到玉山县时我才发现并不是这样的。我们的第一顿午餐，既不辣也无麻，有的是一股土鲜味。

——高一（2）班罗之洋

红色江西之旅要开始了。大人们都说：吃点苦对未来好。而对于我而言，这次旅行不一样之处在于：这是我第一次离家这么远，又是边研究边实践的学习模式。很期待！

——高一（5）班邢家杰

今天是我离开爸爸妈妈第一次远行到这么远的地方（江西）。想必江西会和上海有着不一样的风格。据说，这里的人也很友好，很热情。

——高一（5）班张心泓

我满怀着激动的心情开始了江西红色之旅的第一天。这是我第一次在没有父母的陪伴下旅行。田园风光，我来了。

——高一（1）班吴智骏

第一次独自出门略激动，心中的江西是贫困之地吧。那应该会和上海的乡下差不多。在经过三小时旅程之后，答案就要揭晓了。

——高一（2）班王馨蕾

今天是我第一次来到江西。早上起了个大早到虹桥火车站，习惯坐飞机的我也是头一次坐高铁，觉得很有趣。江西到底什么样呢？我想象不出来。不过没关系，因为：江西，我来了——

——高一（5）班刘佳仪

离开了上海坐上高铁不远千里来到了江西。这是我第一次参加实践活动，所以我对这一切都抱有认真的态度。

——高一（2）班陈律齐

今天一大早我便坐着地铁二号线来到了虹桥火车站。从来没有坐过火车的我对火车站的一切感到好奇。想象着马上就要到江西了，心里特别激动。

——高一（2）班倪昕羽

马上我们就要来到江西了。而且这也是我第一次坐火车。兴奋，exciting！

——高一（2）班周如君

来江西是人生中的第一次，带着研究性课题的任务参加旅行，也是学习生涯中的第一次。江西会给我些什么呢？

——高一（3）班张怡祺

红色研学之旅，应该就是参观、学习红色文化。

——高一（5）班丁浩晨

红色研学之旅，应该就是条件会比较艰苦、以研究课题为主的活动。

—— 高一（2）班陈律齐

红色研学之旅，应该就是参观红色景点，捐书献爱心。

——高一（3）班李晓圆

红色研学之旅，应该就是一种以自我探究生活，开阔见识，在旅行生活中慢慢学习的活动。

——高一（2）班罗之洋

二、后印象

红色研学之旅是一种在各方面包括能力、思想的学习与发挥，亲身实践的活动。

——高一（2）班罗之洋

红色研学之旅是：锻炼自我、弘扬红色精神、铭记历史。

——高一（5）班符玥

红色研学之旅是旅游却又不是旅游。我认为研学就是在旅游的同时对那些具有特别意义的东西进行深层的调查、理解和感悟。

——高一（2）班顾佳婧

红色研学之旅是一个由我们学生为主体的一个亲身实践的活动，培养我们的学习能力，提高我们的意识与习惯。

——高一（5）班张心泓

红色是多元化的，有悲怆的牺牲，有胜利的喜悦，有信仰的光辉，有坚毅的不屈，有身为共产党、为了人民请命的荣耀。

——高一（5）班唐骏杰

红色是中国的革命历史、革命事迹和革命精神为内涵，组织接待旅游者开展缅怀学习、参观游览的主题颜色。

——高一（5）班张心泓

红色就是革命精神，永不停歇的"革命精神"，这更像是一种意志，真心为自己的祖国而奋斗的意志。

——高一（1）班吴智骏

红色就是革命精神，革命烈士用生命信念来告诉我们的精神，如忠贞不屈，刚烈，坚毅。

——高一（2）班王馨蕾

附4 研究性课题学习与指导优秀案例（吉栋磊老师）

一、第一版

（一）研究目的与内容

（1）了解中华苏维埃共和国临时中央政府的组织架构和第一次代表大会的地点、参与人员、主要内容等；

（2）充分调研中华苏维埃共和国临时中央政府成立的历史背景；

（3）自己探索并梳理中华苏维埃共和国临时中央政府成立的意义和价值。

（二）研究方法

（1）实地走访；

（2）史料和相关文献收集；

（3）访谈讲解员。

（三）预期研究成效

完成一篇有着充分图片和精心梳理的具有介绍性质的汇报小论文。

（四）指导点评

这是一份较为完整的研究性课题设计，它是基于实践基础上的汇报稿，是学生视角下对红色政权的理解。它更多考察学生的信息收集、整理和筛选能力，需要学生在大量的实地和文献资料中利用系统思维进行论文框架的设计，具有较强的汇报性质。

二、第二版

（一）研究目的与内容

（1）了解中华苏维埃临时中央政府的组织架构和第一、二次代表大会的地点、参与人员、主要内容等；

（2）通过比较的方法，认识到一苏大和二苏大的不同点；

（3）充分调研中华苏维埃临时中央政府成立的历史背景；

（4）自己探索并梳理中华苏维埃临时中央政府成立的意义和价值。

（二）研究方法

（1）实地走访；

（2）史料和相关文献收集；

（3）比较法；

（4）访谈讲解员。

（三）预期研究成效

（1）完成一篇基于实地走访和历史文献资料的比较型论文；

（2）通过图片、表格等形式，完成一份比较维度的简要汇报稿。

（四）指导点评

第二版的研究设计更具体，也更精致，它在继承第一版的基础上，通过系统比较思维，反映出两次大会的不同点。在历史唯物主义的思想下，学生利用发展的眼光，主动且深入地探索中华苏维埃临时中央政府的发展、影响力及其意义。

三、第三版

(一) 研究目的与内容

(1) 了解中华苏维埃临时中央政府的组织架构和第一、二次代表大会的地点、参与人员、主要内容等;

(2) 通过比较的方法,探索一苏大和二苏大的相似点和不同点。其中包括:建筑规模,出席人数,建造目的,政治经济前提,政策变化,大致奉献,居住地,我们国家的名称,军旗,党旗、党徽、国徽,主要部门结构变化,武器,等等;

(3) 充分调研中华苏维埃临时中央政府成立的历史背景;

(4) 自己探索并梳理中华苏维埃临时中央政府成立的意义和价值。

(二) 研究方法

(1) 实地走访;

(2) 史料和相关文献收集;

(3) 比较法,不仅聚焦不同点,而且也关注相同点;

(4) 访谈讲解员。

(三) 预期研究成效

(1) 完成一篇基于实地走访和历史文献资料的比较型论文;

(2) 通过图片、表格等形式,完成一份比较维度的简要汇报稿。

(四) 指导点评

这一份的研究设计与第二版本相比,在比较内容上更具体、细致,具有很强的可行性,这也是学生参观走访之后,利用整合思维,梳理出清晰的比较点。更可贵的是,第三版本的研究设计还注意到了比较一苏大和二苏大的相同点。学生立体式地思考着:中华苏维埃临时中央政府变的是什么?说明了什么?它不变的是什么?说明了什么?这是思维的突破,也是实践之后深入思考的体现。

附5　2018年江西暑期研学成长记录手册

上海大学市北附属中学

一	我为何要参加研学之旅
	回答：
二	我对研学之旅的整体想象和期待
	回答：
三	我最想通过研学学到或锻炼什么？
	回答：

DAY 1—2

一	让我印象最深刻的活动或项目
	回答：
二	让我最喜欢的人或事
	回答：

整体感受：

DAY 3—4

一	让我印象最深刻的活动或项目
	回答:
二	让我最喜欢的人或事
	回答:

整体感受:

DAY 5—6

一	让我印象最深刻的活动或项目
	回答:
二	让我最喜欢的人或事
	回答:

整体感受:

我的研究课题

研究或实践的 目的和内容	目的 内容
指导教师	
合作者	
我的具体任务	
调查研究或 实践的方法	
调查研究或实践的 实施过程	
研究结论	
研究反思	
采访/请教过的 重点对象	
报告分类	
指导教师 简要评语	

凝聚青年　引领未来

——高中学生党建工作的实践与思考

上海市通河中学　何　敏

上海市通河中学坚持以党建带团建，构建高中思想政治教育工作新平台，扎实开展高中学生党建工作，以"党章学习小组"为载体，使"习近平新时代中国特色社会主义思想"进校园、进课堂，落实落地。

一、我们的认识

1. 党的事业发展要求

习近平总书记在庆祝中国共产党成立 95 周年大会上的讲话指出，青年是祖国的未来、民族的希望，也是我们党的未来和希望。只有拥有了最为可靠、牢固的青年群众基础，党的事业才能不断巩固发展。

高中学生中团员青年，政治上奋发进取，富有活力朝气，文化基础扎实，勇于变革、创新，是潜在的生产力，对于文明的传承发展与和谐社会的构建具有现实的影响。他们的年龄一般为 16—19 岁之间，处于未成年人向成年人转型的过渡期，也处于形成世界观、人生观、价值观的关键期。教育引导高中学生热爱和拥护中国共产党，立志听党话、跟党走，是高中学校党组织的重要任务。

2. 教育者的使命担当

在全国教育大会上，习近平总书记指出，培养什么人是教育的首要问题。我国是中国共产党领导的社会主义国家，这就决定了我们的教育必须把培养社会主义建设者和接班人作为根本任务，培养一代又一代拥护中国共产党领导和我国社会主义制度、立志为中国特色社会主义奋斗终生的有用人才。这是教育工作的根本任务，也是教育现代化的方向目标。

作为高中学校的党组织书记，要重视做好高中学生党建工作，加强对高中学生的教育、培养，使他们厚植爱国主义情怀，让爱国主义精神在他们心中牢牢扎根，这是教育工作者的职责所在，更是党组织负责人的使命担当。

二、我们的做法

（一）实施原则

上海市通河中学"党章学习小组"创办于1997年，依据《上海市通河中学党章学习小组章程》开展活动。在学生党建工作上，我们坚持"广""早""实"三字工作原则。

（1）"广"：基础广。在教育培训的人员上，团委没有把门槛定得很高，有意向的团员青年可以分批参加"党章学习小组"培训班。我们认为，只要青年学生有颗积极向上的心，学校党团组织就应该主动争取，因为学生党建的目的不是为了培养若干个积极分子，而是为了扩大党在青年学生中的影响力，引导团员青年自觉向党组织靠拢。

（2）"早"：动员早。在高一新生衔接教育期间，团委专门推出一期关于本年度学生党建工作的成果展示，把"党章学习小组"的情况介绍、实践活动、进入高校的学员动向展示在橱窗里。这种和优秀学长零距离接触的宣传方式比传统的理论教授更容易让学生接受，并产生共鸣。

（3）"实"：工作实。学校党组织对于发现的苗子进一步加强培养和联系，做到组织落实、人员落实、时间落实；支部落实党员教师和积极分子的结对活动，建立联系人制度，定期分析、研究。另外，党员教师联系人定期与入党积极分子沟通交流，同时定期向党支部汇报联系情况。

（二）实施途径

按照《上海市通河中学党章学习小组章程》，学校团委具体负责"党章

学习小组"的各项事宜,通过"读""听""看""写""议""行"六大途
径开展培训。

(1)"读":读理论、读党章,领会精神。在"党章学习小组"培训班
的开班仪式上,团委赠送《理想 信念 追求》高中学生党建理论读本和学习
笔记。学员通过自学的方式认真投入到理论学习中去。在自学结束后,"党
章学习小组"举行"学党章,明党史,知责任"党史知识100问竞赛活动。

2017 年 9 月 27 日"党章学习小组"开班仪式

2015 年 4 月 21 日在知心教室开展"党章问学"活动

(2)"听":听讲座、听传统,加深理解。在自学的基础上,团委邀请支

委委员和党员教师开设党课、讲座。例如，支部书记开设党课《端正入党动机》，副书记结合形势热点开设讲座《展望2017，学习十九大》；学校关工委通过组织学员访问退休教师的方式，聆听他们讲述学校历史和所属社区张庙的过去与现在。

2017 年 11 月 1 日副书记开设讲座《展望 2017 年，学习十九大》

（3）"看"：看社会变化、看改革成果，拓展思路。团委组织学员参观飞机制造厂、海军上海博览馆、张庙社区党建服务中心等，通过实地考察走近历史，感受改革开放的巨大变化；看图片展览、考察红色教育基地，铭记历史；党章学习小组参观一大会址、观看《张庙，我们共同的家园》图片展览，了解"一二八纪念路"的由来和"无名英雄纪念碑"的历史，开展"勿忘国耻，为国奋斗"活动。

2014 年 9 月 26 日"党章学习小组"走访慰问退休教师

2013 年 10 月 1 日党章学习小组参观一大会址

（4）"写"：写心得、写体会，巩固学习成果。在参观考察的基础上，团委要求每位学员认真撰写心得体会。在新媒体时代，党章学习小组的活动从线下延伸到线上。清明时节，学员们共同缅怀革命先烈。在十九大召开之际，学员们网上浏览了《砥砺奋进的五年》大型成就展，并在 QQ 平台上留言。

2016年3月18日"党章学习小组"参观张庙社区党建服务中心

（5）"议"：议时事、议体会，深化学习内容。学员在撰写学习心得和参观心得之后，团委组织全体学员和党员教师一起座谈交流。例如，在五四青年节来临之际，团委组织学员和老中青几代团干部进行"我的青春我的团"交流互动。又如，在学习宣传党的十九大精神期间，团委组织"党章学习小组"全体学员利用QQ平台开展讨论、谈体会。

（6）"行"：志愿行、服务行，确保学有实效。在理论学习的同时，党章学习小组定期开展志愿服务。校园内，无论是新生报到、运动会、文化节、护绿队、国际交流，到处活跃着他们的身影；社区里，他们热心参与"蓝天下的至爱"万人募捐活动，"社区定点结对服务""我是小小协管员——交通岗执勤""我是清洁小卫士——张庙街道一日扫""敬老院结对"等志愿活动。每逢重阳节，学员们纷纷走进敬老院慰问老人，并主动上门慰问退休老教师。

2018 年 4 月清明之际"党章学习小组"网上祭扫活动

2018 年 10 月 8 日"党章学习小组"交流习近平总书记讲话学习心得

2015 年 3 月 4 日"党章学习小组"学员和党员教师参加"学雷锋"活动

2017 年 1 月 10 日开展"蓝天的至爱"募捐活动

　　在诸多的志愿服务中，"党章学习小组"学员坚持和红星小学学生结对，推行"小先生制"，开展"小先生闪耀小红星"活动。"小先生"和"小红星"签订结对承诺践约书，并送上了精心准备的学习用品，勉励结对的"小红星"努力学习。在帮助"小红星"养成良好学习习惯的同时，培养他们的社会责任感，践行社会主义核心价值观。在"小先生"制度推行的过程中，"小先生"们自身也存在着思考，即教育和辅导小学生不单需要热情，更需要方法。支部致力于"双结对"制度，邀请"小先生"们的课任党员教师与他们结对，帮助"小先生"们科学辅导。

2015 年 4 月 17 日"小先生"闪耀"小红星"结对签约仪式

　　"双结对"活动使党员教师助力学生成长，发挥了党员的先锋模范作用，同时也为"党章学习小组"成员提供了在服务中历练自己、升华党性的平台，更为学校党组织开辟了一条将师生成长和学校发展充分融合的有效通途。

2016 年 12 月 2 日开展"'小先生'闪耀'小红星'"活动

三、我们的体会

抓好高中学生党建工作，有效地促进了高中青年学生形成正确的"三观"，为他们打下了比较扎实的政治基础，引领着学校德育工作的开展，为高校输送了立场坚定的青年骨干力量。高中学生党建工作的着眼点，不仅仅只是培养一些入党积极分子，更为重要的是，要扩大党在青年学生中的凝聚力、吸引力，使青年学生有比较明确的政治方向和政治追求。

十九大报告指出，青年兴则国家兴，青年强则国家强。青年一代有理想、有本领、有担当，国家就有前途，民族就有希望。高中学校党组织应始终站在"未来发展"的高度，增强高中学生党建工作的主动性，努力成为青年学生"心中有阳光，脚下有力量"的思想引领者和舞台搭建者。

传承红色基因，植根文化底蕴
红色线路开辟第二课堂

上海市通河中学　李　伊

一、案例背景

（一）红色基因培养意义深远

习近平总书记强调，中华民族从站起来、富起来到强起来，是一个不断创造奇迹的过程，不仅要让后代牢记，我们自己也不能迷失。数理化之外，爱国主义教育要加强，要让孩子们知道自己是从哪里来的，红色基因是要验证的。核心价值观的养成绝非一日之功，要坚持由易到难，由近及远，努力把核心价值观的要求变成日常的行为准则，进而形成自觉奉行的信念理念。这要求我们将红色教育融入学生的学习生活，成为一种植根于内心的文化认同。

（二）红色基因培养符合学校办学理念与学生实际需求

通河中学的办学理念，将学校的人才培养合理定位于"培养优秀的社会中坚力量"上，从而明确了我校的教育思想——培养合格健康的社会人。一个合格的"通河人"首先应该是一个能够自觉践行社会主义核心价值观，拥有家国情怀的好公民。因此，校团委利用暑期开展"青春中国红色行"参观寻访活动，针对学生需要、社会关切、改革迫切的热点话题，结合自身特色和优势，开设"红色线路第二课堂"系列课程。本次寻访实践，以探访上海及宝山特有红色遗址为主轴，以浸润式实景团课为依托，通过"四学"将红色基因融入高中生文化底色。

二、目标与实施

（一）课程目标

（1）通过"青春中国红色行"寻访实践活动，帮助学生感受到中华民族传统文化的夺目光辉，体会到社会大爱的巨大力量和蓬勃生机。

（2）通过"四学"，让更多的学生参与课程，培养学生的家国情怀，呼唤他们忧国忧民、挑战自我、奉献社会的崇高精神。

（3）通过红色基因的传承，帮助学生自觉践行社会主义核心价值观，做"合格健康的社会人"。

参观一大会址

（二）课程实施

1. 精选红色路线

发掘周边合适的红色历史故居，组建点面结合、纵横交错红色路线地图。依托校团委、学生会、团支部三级平台，在横向上发挥团干部、学生骨干引领力量自主参观，在面上搭建团委统一参观寻访的交流平台。

从宝山本地来看，淞沪抗战纪念馆、宝山革命烈士陵园以及一二八纪念路构成一个铁三角，尤其是一二八纪念路，为纪念"一二八"战争所修建，无人纪念碑则位于泗塘二中内部，离我校只有一步之遥，此乃得天独厚的教育资源。此外，中共一大会址、二大会址、四大会址，都位于上海市，而这一系列的变化，也能看出中国共产党历史的进程与发展，因此将这三大会址作为一个系列寻访，能让学生站在全局的角度来看共产党历史的发展，大大拓宽了视野与视角。

有同学在参观日记中这么写道："中共一大会址是上海典型石库门式样建筑，在党旗的指引下，我们一行人进入馆内，我立刻被庄严的氛围所感染。屏幕上泛黄的报纸，保存完美的旧照，以及先辈穿过的旧外套使人宛如回到了那个黎明前的最后黑暗，身临其境地体会着、品味着一件件展品背后的辉煌故事。来到了二楼，最令人赞叹的便是仿样一大开会时场景的蜡像。只见蜡像栩栩如生地展示着当时开会的情景：毛泽东慷慨陈词、董必武侧耳倾听、李达会心微笑，伟大的一刻在这里定格。走出展览厅，我们的心中久久无法平静。时光不再，先烈们已经远去；抚今追昔，我们踌躇满志。"而在四大会址，同学们观看了主题视频，瞻仰了中共"四大"会址场景再现厅，回顾了中国共产党诞生至中共"四大"召开的光荣历史。当"一大""二大"和"三大"会址图景徐徐展开，结合此前已参观的一大、二大会址，大家对党的历史有了全面的回顾。

2. 设计实景团课

（1）从被动参观到主观授课。以往寻访更多的是学生参观后回家写心得，但很多心得体会都是流于形式，看似深刻，实则不然。而将参观改为实景团课，则效果大大提升。由一个主讲人，几个辅助讲解人，对该参观地点的历史由来娓娓道来，并且提出相应的问题，与同学们进行互动。这样，学生势必在参观之前就会做大量的功课，对该遗址的历史背景有深刻的了解，浸润于心。如我们开展了"勿忘国耻，为国奋斗！"活动，结合学校所在张庙这个历史气息浓厚之地，组织学生观看了"张庙，我们共同的家园"展览。团员自发寻找"一二八纪念路"名字的来源，讲述史称的"庙行大捷"战役，同学们仿佛置身于那战火纷飞的年代。

共青团牵手小苗苗无人纪念碑实景团课

（2）扩大授课范围，传递红色力量实景团课不仅为本校同学开展，还与来自宝山区三中心的小苗苗们结对，帮他们上团课、明志向。许多孩子原先并不明白革命烈士的光荣事迹，可当我校团员讲述完了这些在战争期间为革命献出生命、和平时期为人民利益而牺牲的人所做的种种壮举之时，孩子们个个都坐在自己的座位上若有所思。随后，大家怀着对烈士无限崇敬的心情，来到无名英雄纪念碑前，此刻他们对纪念碑上"义薄云天"四个字了然于心。孩子们稚嫩的小手紧握着朵朵白菊，庄严地向革命烈士纪念碑鞠躬默哀，寄托无限哀思。苗苗小队员代表发言表决心："一定不辜负烈士们的遗愿，踏着烈士们的足迹奋勇向前，为祖国的强大和实现伟大中国梦做出应有的贡献！"我们通过此次活动，追寻红色足迹，不仅坚定了自己的理想和信念，树立了爱国之心和为国献身的精神，更确信了更要把缅怀革命先烈化作巨大动力，努力学习。

3. 纳入课程建设

（1）社团学团委利用团课时间，开设党章学习小组，将红色遗址、祖国发展搬进课堂，结合党建发源地图片等资料背景，将红色寻访扩大至全国范围。发放十九大读本学习"习近平讲话"，帮助学生理论与实践相结合；每月请校领导、党员教师为同学们开设一次讲座，每一位学员要仔细听讲，用心去思考、去感受，投入到理论的学习与运用当中去。

（2）自主学。通过开展自主团课，扩大学习辐射面。团委对各班团支书进行系统有针对性的培训，团支书事先写好教案，厘清课堂脉络，确保达到课堂效率的提高。团支部利用碎片化时间，在课堂轻松的氛围下，与同学们畅所欲言，将假期参观的照片、感想与全班交流、分享，让更多的同学参与其中。

（3）网上学。学生会通过打造"互联网＋"模式，推送"团学动态"、及时更新寻访信息、定期发布微课堂，将理论学习与新媒体相融合，实现线上线下同步开展"寻访、研读、宣讲"活动。此外，我们将活动搬到网上。在烈士纪念日时，我们在网上召开大讨论，共同缅怀先烈；在十九大召开之际，我们参观砥砺奋进的五年展馆，在 QQ 上畅所欲言，表达对祖国的美好祝愿及自己将努力奋斗的决心。

（4）动手学。带领同学们参观党建服务中心，服务于雅琴工作室。在陈雅琴老师的带领下，走进泗塘一村 14 号，党建服务中心门楣上"为人民服务"五个鲜红的大字特别耀眼，而四楼是运用电子系统关心独居老人、提供服药提醒等服务，同学们很感慨，并为独居老人插花、聊天，用实际行动感受红色力量。

三、主要成效与反思

（一）主要成效

（1）实现了参观寻访从单一向多元的转变。"青春中国红色行"参观寻访活动通过构建参观寻访—课程互动—亲手实践等浸润式体验，将祖国的变迁、党史的发展、社会主义核心价值观等主流思想和价值观蕴藏其中，这一做法契合青年学生喜欢动态活跃的心理需求，使爱国主义教育更加有效地传导给青年学生，进而提升教育的有效性。

（2）实现了灌输式向交互式学习的转变。"四学"架设起立体化红色教育阵地，打破了传统参观—拍照—心得的传统灌输模式，以实景团课、互动团课，实现多对一或多对多的教育模式，充分发挥学生干部的积极性和主观能动性，构建起以学生为主体的教育新模式，实现了红色教育从单向灌输式向交互式的转变。

（3）实现了红色基因教育从无处下手向触手可及的转变。"四学"着眼于全员化、全方位育人，通过文化渗透活动浸润，让红色基因教育无处不在。它打破了空间和时间的限制，为学生家国情怀的养成提供了行之有效的方式；通过"青春中国红色行"，学生逐渐能认识到国家和社会与自己密不可分的关系，能将国家的命运与自己的前途未来联系起来，审时度势，植根于内心。

（二）反思

虽然活动已经取得了很大的成效，但是依然存在一些不足。首先，红色线路的开辟范围还可以更广一些，可以结合改革开放 40 周年的发展，可以把更多优秀的历史场所纳入寻访范围，探索其背后的故事。其次，学习的深度可以再深远一些。目前部分交流还停留于学生理解的层面，我们也希望邀请一些权威大家，与学生交流，开拓其视野。再者，辐射的面可以更大一些。我校周边有较多初中，非常适合我们的学生走进初中校园做红色文化的宣讲人，在授之以渔中辐射他人，提升自我。

融入红色基因和教育精准扶贫的
综合社会实践活动探索

上海市徐汇中学　曹令先

随着国家素质课程改革的推进，综合社会实践活动越来越受到国家、学校以及家长的重视。为实现立德树人、学生全面发展的育人目标，徐汇中学在发扬继承"汇学"百年育人传统的基础上，在社会实践中创新德育形式，把传承红色基因和教育精准扶贫融入综合社会实践活动中，提升德育的实效性。

本文以马克思主义的实践观、杜威的教育实践理论、陶行知的生活教育理论以及人的全面发展理论作为开展综合社会实践活动的理论基础，以徐汇中学"教育精准扶贫"的暑期综合社会实践活动为例，积极探索研究高中学生社会实践活动的新内容和新形式，细说活动课程方案制定的依据，总结实施过程，从实施效果进行分析，旨在形成渗透红色基因的高中学生综合社会实践活动的有效实施方案。

一、研究的缘起

（一）基于国家素质教育课程改革的需要

人类社会进入 21 世纪后，科学技术的进步与社会形势的发展迅猛，国际竞争日益激烈，而当今国际竞争的焦点集中在科技、教育和人才的竞争，其中的关键是人才竞争。人才竞争的实质是人的素质问题，而提高素质就要依靠教育。联合国教科文组织在报告《教育——财富蕴藏其中》中提出，教育应围绕四种基本学习加以安排，这四种学习将是每个人一生中的知识支柱：学会认知、学会做事、学会共同生活以及学会生存。但在一般情况下，传统学校教育仅仅主要针对学会认知，而较少针对后三种学习。

早在 1999 年我国教育部颁布的《中共中央国务院关于深化教育改革全面推进素质教育的决定》中就已经提出，要全面推进素质教育，坚持学习书本知识与投身社会实践的统一，坚持树立远大理想与进行艰苦奋斗的统一。教育部在《基础教育课程改革纲要》中也指出，从小学至高中设置综合实践活动并作为必修课程，其内容主要包括信息技术教育、研究性学习、社会实践等，强调学生通过实践增强探究和创新意识，发展综合运用知识的能力，增进学校与社会的密切联系，培养学生的社会责任感。

教育的目的是培养全面发展的人。学生在学校学习的最终目的是学以致用，为以后的社会生活积累必要的知识和经验。而社会实践可以让学生对社会有一个初步的了解，通过密切学生与生活的联系、学校与社会的联系，帮助学生获得亲身参与实践的积极体验和丰富经验，提高学生对自然、社会和自我在联系的整体认识，发展学生的创新精神、实践能力、社会责任感以及良好的个性品质。

（二）基于传承弘扬红色基因，实现立德树人、学生全面发展的育人目标

教育是全人类的共同核心利益，是实现"全球可持续发展"的关键。教育要使得学生具有爱国主义、集体主义精神，继承和发扬中华民族的优秀传统和革命传统；具有初步的创新精神、实践能力、科学和人文素养以及环境意识；具有适应终身学习的基础知识、基本技能和方法，成为有理想、有道德、有文化、有纪律的一代新人。

红色基因是一种革命精神的传承，红色象征光明、信仰，凝聚力量，引领未来。瑞金、井冈山、遵义、延安、西柏坡，无一例外地因为"红色"而典藏了历史。红色基因是中国共产党人的精神内核，是中华民族的精神纽

带，是中华民族的伟大信念，鼓舞着一代又一代中华儿女为了中华民族的伟大复兴而坚强自立、坚持梦想、永往直前。面对敌对势力的阻挠诋毁，面对自然灾害的汹涌来袭，我们不动摇、不懈怠、不折腾，用勤劳和智慧、坚定与执着，写下了令世人惊叹的"中国故事"。

人的全面发展指的是，人的身心素质的全面发展和能力的全面发展，从而实现个体发展与社会发展相一致的目标。因此，学生要实现全面发展，即要使得学生的身心素质和个人能力能够得到健康发展，从而适应社会发展的要求。而人要获得全面发展，就必须与外部世界建立起丰富的对象性关系，必须从事全面的活动。此外，徐汇中学的育人目标是把学生培养成"汇学型人才"（汇学＝荟学＋会学＋慧学），以及有科学素养、人文涵养、艺术修养、文化教养的爱国者。因此，学校要积极为学生创设社会环境中的活动机会。个人只有在丰富的实践活动中，才能为自己造成丰富的社会关系，从而也才可能使自身获得多方面的发展。因此，开展社会实践活动是实现学生全面发展的重要途径。

（三）基于徐汇中学历史底蕴及办学理念

上海市徐汇中学是一所公办完全中学、区实验性示范性高中。它创办于1850年，始名徐家汇公学（圣依纳爵公学），首开我国科学文化教育先河，课程文化底蕴深厚，是中国近现代教育史上第一所创生诸多学科课程的真正学校，被誉为"沪地教会中学之冠""中国各种学堂之标准"。学校的校训是"汇学"，即"古今传承，中西汇学"，办学理念是"崇尚科学，爱国荣校，多彩发展"。

为实施素质教育，促进学生德智体美等全面发展，体现时代要求，《国务院关于基础教育改革与发展的决定》中指出，各级各类学校切实增强德育工作的针对性、实效性和主动性。要加强爱国主义、集体主义和社会主义教育，加强中华民族优良传统、革命传统教育，加强思想品质和道德教育并贯穿于教育的全过程。此外，各级各类学校还要从实际出发，加强和改进对学生的生产劳动和实践教育，使其接触自然、了解社会，培养热爱劳动的习惯和艰苦奋斗的精神。

因而，近年来，创新德育形式、丰富德育内容、不断提高德育工作中的吸引力和感染力、增强德育工作的针对性和时效性，就成为了徐汇中学德育人思考的重点。学校在德育方面发扬继承"汇学"百年育人传统的基础上，围绕培育和践行社会主义核心价值观，传承弘扬中华优秀文化主题，在学科德育、社会实践、校园文化建设中组织开展了一系列主题鲜明、内容丰富、形式多样，具有实效性的德育创新实践主题教育活动。

基于以上现状，笔者产生了以上海市徐汇中学暑期贵州"教育精准扶贫"综合社会实践活动课程为例，探索研究高中社会实践活动的新内容和新形式的思考，即如何设计具有操作性的社会实践活动方案，让学生在实践活动中切实有所收获，达到应有的教育效果。

（四）研究的问题

综合社会实践活动作为一种新的课程形态，是一门引导学生从自身生活和社会生活中发现问题、开展多样化的实践学习、注重知识和技能综合运用的实践性课程。在综合社会实践活动课程的设计上要真正体现素质教育，而素质教育的真正回归则是将学生的需要、动机和兴趣置于核心地位，强调以学生的直接经验或体验为基础，充分发挥学生的主动性和积极性，从而发展创新精神和实践能力。因此，本研究将重点研究什么样的综合社会实践活动课程才兼具科学性、教育性、人文性、趣味性以及操作性？

（五）研究的意义

社会实践是学生走出校园、接触社会的一个很重要的锻炼环节，而中学社会实践活动没有现成的经验可取，每个学校也都是结合自身的实际情况，因地制宜，利用现有的教育资源，开展一些具有特色的实践活动。

本研究以徐汇中学暑期贵州"教育精准扶贫"综合社会实践活动课程为例，探索高中学生社会实践活动的新内容和新形式，总结分析实施过程，形成高中学生社会实践活动的有效实施方案，希望可以为其他学校有效地实施高中生社会实践活动，实现其德育功能提供理论和实践上的指导。

二、高中生开展社会社会实践活动的理论基础

（一）马克思主义的实践观

实践是认识的来源，实践是认识发展的动力。实践既是人与世界关系最基本的形式，又是人与世界关系最本质的基础。马克思认为："社会生活在本质上是实践的，人类社会的发展也是在人的劳动实践中发展而来，实践是检验认识的真理性的唯一标准。"

（二）杜威的教育实践理论

区别于传统教育"课堂中心、教材中心、教师中心"的"旧三中心论"，美国实用主义教育家杜威提出"儿童中心（学生中心）、活动中心、经验中心"的"新三中心论"。此外，杜威提出"教育即生长"的著名论断，认为个人在社会生活中与人接触、相互影响、逐步扩大和改进经验，养成道德品质和习得知识技能，就是教育。他反对传统教育脱离实际生活、脱离儿童经验、把儿童当作知识的容器置于被动地位的倾向，提倡关注儿童的参与、以儿童为中心的教育。

（三）陶行知的生活教育理论

陶行知的生活教育理论主要包括"生活即教育""社会即学校""教学做合一"三个方面。陶行知主张教育应同实际生活相联系，反对死读书，注重培养儿童的创造性和独立工作能力。在陶行知生活教育理论中，"在生活里找教育，为生活而教育"的观念相当明确，他的"社会即学校"学说，更是表明"教育的材料，教育的方法，教育的工具，教育的环境，都可以大大增加"。而"教学做合一"以"做"为中心，与生活教育的本质密切联系，以"行"为基础，自始至终渗透辩证唯物主义的认识论，它以"创造"为目标，推动着生活教育走向更高境界。"教学做合一"不仅是科学的实践方式，也是有效的实践方式。

（四）人的全面发展理论

"人的全面发展"是"全面发展教育"的目的，而"全面发展教育"是

实现"人的全面发展"的教育保障和教育内涵。不同时期、不同国家的学者对人的全面发展有着截然不同的理解。从今天社会发展的角度以及中国发展的角度看，人的全面发展理论的本土化，集中表现在它植根于中国传统文化的土壤，全面发展人的能力、全面发展人的个性、全面发展人的社会关系和全面发展人的需要，强调了人的发展自由性、全面性和自主性。因此，现代课程目标设计应选择与现实生活密切相关的主题，面向学生的社会生活，促进学生情感、态度、能力的综合发展。综合实践活动课程强调直接经验的价值，力图改变学生的学习方式，注重学生的学习过程与方法，关注学生的社会生活，强调评价的过程性。综合实践活动课程的这些特点有力地体现了人的全面发展理论是综合实践活动课程的一个理论基础。

三、高中综合社会实践活动课程实施的模式研究

（一）课程实施的组织形式

1. 个人活动

个人活动的组织形式有利于发展学生独立思考能力和独立解决问题的能力。中学生已经具备了较强的社会活动能力和独立思考能力，在综合社会实践活动的实施过程中，在确保学生安全的前提条件下，允许学生独立进行活动，并完成任务。在学生个人完成活动后，鼓励学生积极与他人进行交流与分享。

2. 小组活动

小组活动是综合社会实践活动最基本的组织形式，鼓励学生以小组合作的形式开展综合社会实践活动。小组的构成由学生自己协商后确定，教师不过多介入他们的选择。小组成员的组成不限于班级内，为使实践与探究走向深入，允许并鼓励各班之间、不同年级之间甚至是不同地域之间学生的合作。

3. 集体活动

集体活动也是综合社会实践活动常见的组织形式。教师可带领学生一同

去参观，以班级或年级等为单位，共同行动。

（二）课程实施的活动方式

1. 课题研究

学生结合个人的兴趣，选择一个需要解决和认识的问题，开展研究性学习活动，通过调查、测量、实验、文献收集等手段进行。

2. 考察感受

通过观察、参观、访问，获得对革命传统、社会责任、对自主生活的认识、了解和感悟，可考察的内容如瞻仰革命圣地、考察社会民情、重走红军长征路等。

3. 社会实践体验

学生带着想要认识和解决的问题，参与到实际的社会实践活动中，亲历真实的农村生活环境，去体验认识和解决问题的过程。

四、高中综合社会实践活动课程探索和实践的成果——以徐汇中学贵州"教育精准扶贫"为例

（一）制定课程方案的理论依据

1. 根据教育学理论，确定高中社会实践活动的总目标、地点和途径

根据第二章所阐述的杜威教育实践理论以及陶行知的生活教育理论，确定此次徐汇中学实施的高中社会实践活动是以不断提高知识、能力和完善个性发展，即促进学生全面发展为总目标。同时，为了积极响应党中央向西部开发的英明决策，推动东部教育帮扶西部教育发展，确定了此次徐汇中学高中社会实践活动的地点为贵州遵义市，并确定了方案的实施途径为"走出校园，走进红色，走向社会，前往革命老区进行教育精准扶贫"。

2. 根据育人目标，确定高中社会实践活动的形式和方式

我校实施高中综合社会实践活动的目的是立德树人、促进学生全面发展。2014年教育部出台的《关于全面深化课程改革落实立德树人根本任务的意见》中首次提出核心素养体系。2016年9月13日，中国学生发展核心素

养研究成果发布，核心素养以培养"全面发展的人"为核心，分为"文化基础""自主发展""社会参与"三个方面，综合表现为人文底蕴、科学精神、学会学习、健康生活、责任担当、实践创新六大素养。基于以上背景，确定此次徐汇中学高中社会实践活动组织形式为以小组活动和集体活动为主，个人活动为辅，活动形式为课题研究、考察感受以及社会实践体验三者的结合，从而激发学生的集体主义、革命英雄主义和爱国主义精神，在潜移默化中增强学生的爱国情怀、民族自信和使命担当。

（二）制定课程方案的现实依据

1. 根据徐汇中学的实际特点，确定社会实践活动的具体目标

社会是个大舞台，生活是个大课堂，在实践中学习，在体验中养成，是德育的主导思想与准则。为响应习近平总书记"扶贫先扶智"的号召，为贯彻《国家教育事业发展"十三五"规划》中强化学生实践动手能力的文件精神和把立德树人作为教育的根本任务，根据我校育人核心品质：感恩、善良、责任、大气的培养目标，反思近年来我校优秀学生干部夏令营的单一组织模式，尝试进行新的综合社会实践活动设计，即通过组织学校的优秀学生干部奔赴国家级贫困县开展教育精准扶贫的综合社会实践活动。在活动中，让学生走进红色、瞻仰革命圣地，走进社会、认识社会，在了解当今中国农村现状的同时，更加关注贫困地区留守儿童的情况，培养学生热爱劳动、勤俭节约、艰苦朴素的品质，提高学生的社会责任意识和人文情怀，以实际行动践行社会主义核心价值观。

2. 根据贵州及对口学校特点，确定社会实践活动的具体内容和形式

贵州遵义红色文化既是战术上基于中国特色运筹帷幄的道路自信，也是战略上基于实事求是的文化自信，更是在实践中为人民利益而浴血牺牲的价值自信。中学生正处于树立理想信念、形成世界观和传承优良文化的重要阶段，因此将遵义红色文化引入中学生综合社会实践活动是对学生精神上的洗礼，能培养身处和平年代的学生的爱国意识，同时也激励学生求知笃行和树立个人理想。

另外，贵州省遵义市正安县是国家级贫困县，生活物资与教育资源匮乏，当地大多青年人出去务工，存在较多留守儿童。而两所对口学校——瑞溪镇中心小学和木盆寺完小，都存在基础设施落后，师资和教学条件较差的问题。

基于以上背景，确定了本次社会实践活动的组织形式和具体内容。

表1　社会实践活动的具体内容及形式

活动载体	具体要求	目标及能力培养
慈善募捐	在学校内发起慈善募捐活动，并整理好寄往对口小学	提升人文关怀，锻炼表达能力
教育精准扶贫	组织学生活动，关爱留守儿童，关爱贫困山区儿童，辅导作业	增强报国意识，锻炼综合运用所学知识的能力
入户体验	体验农村生活，能做到吃苦耐劳	提升心系苍生的使命感，锻炼社会适应能力和生活自理能力
红色考察	参观长征纪念馆，重走长征路，回顾历史，缅怀先烈	提升国家使命意识，锻炼考察研究能力
走进新农村	深入了解新农村现状，理解国家农业政策	增强民主理解和文化认同，锻炼沟通能力

（三）具体实施过程

1. 准备阶段

（1）活动对象：徐汇中学20名优秀学生干部。

（2）活动时间：2017年7月2日至7月7日。

（3）活动安排：见下表。

表2 "教育精准扶贫"综合社会实践活动行程安排

日期	活动内容	交通工具	早餐	午餐	晚餐	住宿
D1	上海出发 学校集合大巴去机场	飞机	自理	自理	安排	遵义宾馆
D2	遵义会议纪念馆 苟坝会议纪念馆 长征纪念馆 花茂村	大巴	宾馆	途经点	安排	农户家庭
D3	瑞溪镇中心小学捐赠仪式 木盆寺村入户体验 课题调查 组织木盆寺完小学生活动	大巴 步行	安排	安排	安排	农户家庭
D4	入户体验 课题调查 组织木盆寺完小学生活动	步行	安排	安排	安排	农户家庭
D5	入户体验 课题调查 组织木盆寺完小学生活动	步行	安排	安排	安排	遵义宾馆
D6	娄山关 返回上海	飞机	安排	安排	自理	回家

2. 实施过程

在徐汇中学贵州"教育精准扶贫"的综合社会实践活动课程的设计中，主要采用的是以小组为单位的组织形式。而此组织形式中又分为两类活动形式，一为社会实践体验，二为课题研究。

在社会实践体验中，20名优秀的汇学学子不分年龄、不分性别，按照自己的兴趣或者所擅长的内容和其他同学们协商，自由组合，为木盆寺完小的学生们精心准备课程。在小组合作一起讨论、一起备课的过程中，汇学学子能够体会到自己身份的转变，能体会到成为一名"老师"的不容易，充分发挥自己的爱心以及责任心，为木盆寺完小的小朋友们讲授自己所擅长的内容。

表3 "教育精准扶贫"综合社会实践活动拓展课程一览表

课程	教师	助教1	助教2
故事吟诵	郑静洁 （系徐汇中学老师）		
巧算24点	李潇鑫 高二（1）班	陈佳懿 初二（1）班	
说文解字	沈津雯 初二（4）班	董昊坤 高二（2）班	
趣味记单词	赵慧琳 高二（2）班	王楠逸 高二（6）班	韩天辰 高二（6）班
戏剧表演	戚笑宇 高二（2）班	郭幕玚 高二（2）班	翟羽佳 高二（5）班
巧手折纸	王欣然 高二（1）班	陈逸轩 初二（4）班	
创意刮蜡画	欧昊芸 高二（1）班	陈一苇 初二（1）班	
吉他入门	高煜阳 高二（6）班	王焜坤 高二（2）班	林依雯 高二（2）班

此外，20名汇学学子们还入住当地农户家里，与当地老乡们同吃同住，一起了解他们贫困家庭的生活状况，与他们交流想法，帮助他们生火、拌猪饲料，去田头摘菜，体验着与城市完全不同的生活。

结合个人的兴趣自由组合，根据贵州当地的一些具有代表性的现实背景，20名汇学学子以小组为单位选择出一个需要解决和认识的问题，在教师的指导下，开展研究性学习活动。在小组课题研究的过程中，学生学会了收集资料、整理和归纳资料的方法，最后综合整理信息资料进行判断，得出相应的结论。同时，学生根据小组集体设计的研究方案，按照确定的研究的方法，选择合适的对象或地方进行调查或采访，获取调查结果。而后，学生通过调查研究得出的初步研究成果在小组内与同学充分交流，进而学会客观认识事物，认真对待他人的意见和建议，正确地认识自我。

表4　"教育精准扶贫"综合社会实践活动课题报告一览表

课题名称	课题成员（学生）	指导教师
基于"教育精准扶贫"的贫困山区留守儿童现状的调查——以贵州省遵义市正安县瑞溪村木盆寺完小为例	郭幕玚、陆天锴、王炽坤、翟羽佳	曹令先
木盆寺村经济相对落后的原因简析	赵思辰、陈一苇、陈佳懿、董昊坤	郑静洁
贵州省正安县瑞溪镇木盆寺村村民生活状况调查	王欣然、李潇鑫、姜亦然、陈奕轩	张德贵、施如怡
"我有一个梦想"之精准扶贫课题报告	赵慧琳、林依雯、戚笑宇、王楠逸	曹令先

在徐汇中学贵州"教育精准扶贫"的综合社会实践活动课程的设计中，除了学生各自入农户家生活，以小组为单位为木盆寺完小的学生进行授课、进行调研活动和以集体为单位的综合实践课程也是重点。

由于此次综合社会实践活动的地点在贵州，鉴于其历史文化底蕴的特殊性，特安排了所有学生一起走进红军村，集体参观了苟坝会议纪念馆、遵义红军烈士陵园、遵义会议会址，也登上了娄山关，一起重温那段惊心动魄的历史，回顾历史，缅怀先烈，重走红色革命路线，探访爱国主义教育基地，体验老一辈革命家和共产党员不畏艰险、献身理想的革命精神，提升其国家使命意识。同时，也让从小生活在"温室里的花朵们"了解到吃苦耐劳、艰苦奋斗在当今社会仍是必要的，要明白现在拥有的美好生活的来之不易，因而要感到知足，更要努力学习，提升自己，以实现自己应有的价值。

（四）实施效果分析

1. 学生日记节选

陈一苇：第一眼看见农户家的环境时，我们十分不习惯，没有空调、没有淋浴，我们平常生活中习以为常的设备全都没有。但是农户们热情的招待让我们渐渐地放下了隔阂，开始了像家人般的唠嗑，从生活习惯到工作内容，再到日常的一件件小事。我们从没想过在他乡还能感受到这种家乡的温暖，这种亲人般的关心。清晨一碗淡淡葱香的挂面将我们从睡梦中叫醒，与家乡相同的温度，与家乡不同的味道，相同中的不同，更为我们徒增了一份温馨。

赵思辰：当我和董昊坤得知被分配到的是条件最艰苦的一家的时候，我感到有些小沮丧，随即又有些小期待。周围的人家大多搬去了新建的房子，只有他们还留在那里，家里有年迈的老人，亦有懵懂的孩童。他们为了给我们两人腾出睡觉的地方，只能把他们自己的卧室让出。当老两口匆匆忙忙地为我们准备椅子，当那个在木盆寺完小读书的女孩给我们拿水，当那个年纪和我们一样大的男孩与我们交换通信方式时，他们的脸上没有因常年物质贫瘠而表现出悲观，而是那样的热情、那样的朴素。他们黝黑的脸上明亮的笑容，让我的内心在这座安宁的山里受到深深的震撼。或许他们并没有多么期望能与上海这样的大都市并驾齐驱，但他们内心对于山外的世界的渴望却始终没有停止……

赵慧琳：每当我给木盆寺完小的孩子分发从上海带来的糖果时，他们都会感激地说"谢谢老师"。他们的回答声是那么地响亮，深深地震撼着我的心灵。当我们一起玩互动游戏时，孩子们带我重回童年，我们的笑声响彻整个木盆寺小学。值得一提的是，在玩老鹰捉小鸡的游戏过程中，这群孩子对游戏规则的遵守、对待游戏的认真，让我肃然起敬。输了游戏谁都不会耍赖皮、哭闹，自觉退到一边为继续留下的选手加油。而当他们摔跤后，会立即站起来，拍拍身上的灰尘，继续投入到游戏中去。他们从小就学会了遵守规则、依靠自己，值得我们学习。

　　韩天辰：此次"教育精准扶贫"综合社会实践活动，让我认识了这么一群朴实而善良的孩子。充满稚气、略带羞涩的他们，是那么地懂礼貌，总在不经意时会给予你温暖的关怀，会在看见你的时候爽朗地叫上一句"哥哥姐姐好"。我在来之前一直以为实践活动的过程中，我们关心的只是他们目前的生活学习状况。通过和他们的接触，我发现，他们的精神世界更需要有人去关爱。

　　林依雯：在这里我们找到了另一种"生活"。人们常说的生活大多是从自己的经历和阅历中磨砺出来的，可是能够尝试另外一种他人生活的，却并不多。我们总是大呼口号"换位思考"，但真正的换位思考不仅该体现在日常小事，更应该是在大爱中表现出来。我们的国家正努力实现各地区的共同发展，共享经济发展的成果，但仍有不少像这样在偏远的地区的人为脱贫而挣扎着，也向往着。但在偏僻的客观条件下，加上人为不够重视，脱贫的阻碍显得大而难以快速克服。通过这次木盆寺完小的教课，作为一个小老师，我发现山区的孩子具有很强的自主学习的能力，他们好学、肯学，这是教育成功的第一步，不过，他们缺乏教育资源和多元化的课程。所以，精准扶贫的政策需要渗透到我们每个人心里，这不仅是中央官员的事、地方政府的事，更是我们每一个所谓"下一代"应该关心的，它不仅是物质上的，更是精神上的。

　　2. 相关调研课题报告

　　在此次贵州"教育精准扶贫"之旅的综合社会实践过程中，汇学学子不仅是看和感受，更是在实践活动中发现问题、提出问题，并带着问题去思考、去学习。

　　在以赵思辰为组长的小组成员们在为期六天的活动中，基于种种丰富的综合社会实践活动，了解到了当地的物质、精神资源条件的匮乏以及经济条件的巨大差距，希望浅层探究了木盆寺村经济相对落后的原因，故提出调研课题《木盆寺村经济相对落后的原因简析》。在调研过程中，小组成员们从木盆寺当地的教育、产业结构、年龄结构等方面总结现状，进而规划未来短期发展目标。

同样，在以王欣然为组长的课题《贵州省正安县瑞溪镇木盆寺村村民生活状况调查》中可以看出，全组成员在与贵州省遵义市正安县瑞溪镇木盆寺村村民共同生活时仔细地对村民们的日常生活进行观察，以及与部分村民交流，从交通状况、收入情况、村民对生活的态度以及山村与外界交流情况等方面综合得出该村村民的生活状况，并根据实际情况进行分析的同时提出了几点改善建议。

在《"我有一个梦想"之精准扶贫课题报告》报告中，学生写道："帮助他们脱贫的第一步一定是改变他们的思想，落后的观念是无法主导进步行为的，这比捐赠物资或者金钱来得重要的多。而我认为这才是扶贫难度最大的地方，想要动摇根深蒂固的观念并非是易事，这需要很大的耐心和长期的努力。扶贫扶贫，思想之贫甚于钱财之贫多矣，只有看到了希望，也许不就后的将来，他们会进入城市，融入现代化！"从中可以很明显感受到汇学学子通过为期3天的入户体验细心了解瑞溪镇普通人家的生活情况，在与当地人交流中积极了解他们对于"精准扶贫"的看法，从而发表自己的看法。

另外，以郭慕砀为组长的小组全体成员们在整个社会实践过程中，从与外界的沟通能力、自身性格、教育状况、家长态度等方面实地探访和调查当地留守儿童的现状，并分析研究造成贫困山区留守儿童现状的原因，想要提出一些改善意见。故《基于"教育精准扶贫"的贫困山区留守儿童现状的调查——以贵州省遵义市正安县瑞溪镇木盆寺村完小为例》调研课题报告中写道："想要解决留守儿童的种种问题，弥补这个困扰着千万人的大漏洞，无疑需要通过学校、社会、政府三方的共同努力和投入。我们经过考虑得出的的解决措施主要有三点。一是学校设立'亲情间'，在这间教室中配备多台电话、电脑、视频聊天设备，每个学期做好计划和安排，让留守儿童通过网络与远在外地打工的父母进行面对面的交流，让这些正在成长的孩子们的心灵能得到亲情的满足。二是会各界人士帮助留守儿童学校开展线上教学，利'用互联网＋'的理念，由名校的老师线上对孩子们进行授课。三是因地制宜，发展当地经济，政府从而可以提供待遇较好的工作岗位，把当地务工人员留在本地，使他们不去外地就能赚到钱。"

出发前精心为当地学生准备课程，募集物资，而后亲身置于贵州当地的生活环境中，与当地农户同吃同住，在交流和冲击中，汇学学子自然而然地有了不一样的感悟及油然而生的责任感。而从这四份用心的、高质量的"教育精准扶贫"的课题报告中，也不难看出，学生在整个综合社会实践活动中并不是像以往的活动中那样敷衍了事，更是带着责任心和使命感去学习和感悟，收获了满满的成长。

2. 学生的整体面貌变化

通过此次综合社会实践课程，我们发现这些参与活动的学生，无论在课堂教学还是学校的各类活动中都表现得更为活跃些，而且他们自我学习的能力、动手实践的能力、积极发现问题的能力也都表现得更为突出。此外，通过此次课程，学生们变得更乐于助人，与老师也更为亲近些，更懂礼貌，家长们也纷纷表示孩子在家里比以往更愿意与父母交流，愿意帮助父母做一些力所能及的家务事，变得更加懂事了。

五、综合社会实践活动课程探索与实践的思考与建议

（一）综合社会实践活动课程的思考与建议

1. 综合社会实践活动课程中需要相应的制度保障

学校应成立专门的领导小组与专业的研究机构，为综合社会实践课程实施的管理和指导提供强大的后盾。由于综合实践活动课程是一门新的课程，在实施的过程中会遇到各种各样的问题，因此，要保证课程的顺利实施，就需要学校通过建立相应的领导机构。领导机构主要是为解决课程实施中各方面出现的问题，对课程的实施进行必要的整体规划，协调各方面的关系，为课程的实施制定相应的保障措施。

表5 徐汇中学"教育精准扶贫"综合社会实践活动组织架构

组长	曾宪一
副组长	刘晓艳、姚虹、绳文锋、吉姿
成员	王燕虹、霍存月、曹令先、盛军、郑斌、顾卫君、郑静洁、邓玉琴、施如怡、马云豪、张德贵
顾问	王金根

表6 徐汇中学"教育精准扶贫"综合社会实践活动人员任务

对对口学校实地考查	王金根
制定方案	曹令先
慈善募捐	顾卫君、郑静洁、邓玉琴
遴选优秀学生干部	顾卫君、郑静洁、邓玉琴
制定行程	施如怡、张德贵
购买保险	曹令先、郑静洁
开家长会，签同意书	曹令先、郑静洁
后勤保障	王燕虹、霍存月

2. 综合社会实践活动课程中要明确教师的角色

在综合社会实践活动中，教师不是单一的知识传授者，而应是学生活动的引导者、组织者、参与者、领导者和评价者。教师应关注学生的学习方式，适应学生学习方式的多样性和差异性，给予学生充足的空间，使得学生采用自己的方式得以尽情发挥。此外，教师的协作教学形式在综合实践活动中也是常见的，它强调团队合作，注意发挥教师各自的优势、互相补充，取长补短。

此外，综合社会实践活动课程能都顺利实施并取得良好效果，其关键也在于课程执行者即指导教师的意识和能力。因此，提高指导教师对实践课程的认识，把针对指导教师的相应培训作为提高课程实施质量的保证，是课程有效实施、达到预期效果的关键。通过集中的通识培训，使教师了解、认同、理解每次综合社会实践活动课程的意义和基本理念，学习领会综合实践活动课程标准的性质、特点和目标。

3. 综合社会实践活动课程中需要家长的支持

思想指导行动，理念主导实践。为使得兼具科学性、创新性、人文性的综合社会实践活动课程顺利开展，除了学校以及教师们发挥保障作用外，更需要学生家长们的鼎力支持。因而，学校需要积极宣传，让家长明确课程的理念、目标以及学生认真参与活动的益处，在思想上认同社会实践课程的价值，意识到学业成绩并非是衡量孩子能力的唯一标准，从而成为教师的有力伙伴，积极转变观念，参与实验教材的选取，帮助学校挖掘一些有益的资源，重视孩子的全面发展和个性发展、创新能力的培养，给孩子自主发展更多的时间和空间，要让孩子在学习的同时接触社会、了解社会、服务社会、进而发展能力、增长实干。

（二）徐汇中学综合社会实践活动课程的总结与反思

社会实践活动在促进学生全面发展和健康成长的过程中所发挥的作用，已受到越来越多人的认可，教育部门和各级各类学校也越来越重视社会实践活动的开展。

总体来看，徐汇中学综合社会实践活动达到了预期目标。徐汇中学贵州"教育精准扶贫"综合社会实践活动，是一次"红色之旅"。汇学学子走进红军村，参观了苟坝会议纪念馆、遵义红军烈士陵园、遵义会议会址，登上娄山关，重温那段惊心动魄的历史，对不惧艰险的红军战士们心生敬佩。这也是一次"体验之旅"。正安县是国家级贫困县，生活物资与教育资源匮乏。我们的学生干部与当地老乡们同吃同住，一起了解贫困家庭的生活状况，帮他们生火、拌猪饲料、去田头摘菜，体验着与大城市完全不同的生活。这更是一次"教育精准扶贫"之旅。汇学的优秀学生干部们不仅带去了汇学学子们捐赠的书籍玩具，也为木盆寺完小与瑞溪镇中心小学的孩子们带去一堂堂生动丰富的拓展课。戏剧表演、巧手折纸、吉他入门、创意刮蜡画、巧算24点等，山里孩子朴实的笑脸，学习时专注的神情打动了每一位"小老师"。"精准扶贫"是中国共产党执政兴国新的里程碑，而徐汇中学进行"教育精准扶贫"综合实践活动是从学生的角度出发，亲身体验同一片蓝天下的另一种生活，用自己的行为去拓展另一群孩子的视野，在深入了解风土人情和社会民情、开拓视野的同时，引导学生践行锤炼、知行合一，铸就"爱国荣校，责任担当"的"汇学魂"。

同样，此次综合社会实践活动也存在着需要改进的地方。由于这是首次尝试进行新的综合社会实践活动课程设计，考虑到各方因素，本次我校采用通过组织学校的优秀学生干部奔赴国家级贫困县开展"教育精准扶贫"，涉及的学生人数较少，且实践时间较短。所以期望在未来的综合社会实践活动探索中能让更多的学生参与进来，能持续更长的时间，选择更多有意义的地方，让学生迈出家门，走出学校，去往更多不一样的地方，有更多的机会去感悟和学习平时在课堂教学中感受不到的东西，体会与平时完全不同的生活，从而得到更进一步的成长。

作为德育工作者，我们深知综合社会实践活动课程是不可能在短时间内建设完成的，在学校一步一步探索的过程中，我们会看到一些成效，但也不能避免一些问题的出现。通过综合社会实践活动的具体行动，德育教育能够以体验式教学促使理论知识更好地渗透并影响学生的意识和思想。这既是为这些快速成长为未来社会接班人的年轻学生准备的一份"成人礼"，为这些即将接触社会的特殊任取夯实道德和精神基础，也是素质教育在新时期创新和变革传统教育模式的又一重要形式和手段。因而，我校会保持每次综合社会实践活动课程中的可取之处，认真反思活动课程中的不足之处，解决已经出现的问题。面对新时代的要求，夯实立德树人目标，深入探索研究综合社会实践活动的方式和内容，设计更加具有科学性、人文性以及创新性的课程内容，为把学生培养成有科学素养、人文涵养、艺术修养、文化教养的爱国者奠定坚实的基础。

参考文献

[1] 钟启泉.基础教育课程改革纲要（试行）解读 [M].上海：华东师范大学出版社，2001：94—98.

[2] 郭元祥.综合实践活动的设计和实施 [M].北京：首都师范大学出版社，2001：11.

[3] 杨晓虹.中学社会实践活动的现状分析及对策研究 [D].上海：华东师范大学教育管理学系，2006.

[4] 冯新瑞，王薇.我国综合实践活动课程实施现状调研报告 [J].课程·教材·教法，2009（1）.

传承红色基因 打造红色学校

——上海徐汇中学构建"红色文化"教育体系

上海市徐汇中学　顾卫君

党的十八大再三强调"传承红色基因，发扬红色传统"的要求，在党的号召下，全国各地的学校开展了一系列的"传承红色基因"的宣传教育活动和课程讲座等。上海市徐汇中学作为一所有着丰厚历史和文化底蕴的百年老校，谨记党的召唤，深入探索构建"红色文化"教育体系，深化"传承红色基因"教育理念：一是开发系列主题课程，将理想信念教育融入课程与课堂；二是开展系列主题活动，将爱国主义教育融入活动；三是开展各项仪式教育，将爱国荣校渗透学子血脉；四是加强校园环境建设，打造红色景观文化。学校旨在通过这一系列的活动与建设，将徐汇中学打造成红色学校，让红色基因代代相传。

一、引言

红色文化是在革命战争年代，由中国共产党人、先进分子和人民群众共同创造并极具中国特色的先进文化，蕴含着丰富的革命精神和厚重的历史文化内涵。传承和利用红色文化独特的价值功能，是发扬革命先辈光辉精神的需要，是实现中华民族伟大复兴中国梦的需要，不仅对打造具有中国特色和世界影响的红色文化产业具有重要的促进作用，也有利于丰富中华文化和指导社会主义建设。

党的十八大以来，习近平总书记经常叮嘱全国人民，要"把红色资源利用好，把红色传统发扬好，把红色基因传承好"，并强调指出"红色基因不能变，变了就变质"。中央军委于2018年6月印发了《传承红色基因实施纲要》，推动红色基因融入官兵血脉，确保军队血脉永续。作为社会主义建设者和接班人的青少年，更应该铭记红色基因的根本内涵及其深远意义，赓续光荣传统，让红色基因融入血脉。

高中阶段的青少年知识体系结构逐步构建，心理素质逐步提高，处于世界观、人生观、价值观初步确立的重要时期。徐汇中学非常注重高中生对红色基因的传承，并开展了许多有效的活动来继承红色基因，经过摸索和实践构建了一套"红色文化"教育体系。

（一）开发系列主题课程，将理想信念教育融入课堂

1. "红色传承"系列课程

徐汇中学开展了优秀学生干部"教育精准扶贫"综合社会实践活动，组织优秀学生干部在暑假中前往贵州省遵义市进行为期6天的社会实践。师生们来到了遵义市正安县瑞溪镇木盆寺村开展扶贫工作。正安县是国家级贫困县，生活物资与教育资源匮乏，团学联募集了90多箱文具、书本与衣物捐献给瑞溪镇中心小学。同学们与当地老乡们同吃同住，深入了解贫困家庭的生活状况，并帮助他们做一些力所能及的农活，还前往了木盆寺完小与瑞溪镇中心小学授课，希望通过精心准备的"戏剧表演""巧手折纸""创意刮蜡画""巧算24点"等课程，为留守儿童带来温暖与希望。徐汇中学曾宪一校长也亲赴木盆寺村，与瑞溪镇中心小学校长签订了捐赠协议，并化用马相伯老校长的话来激励孩子们："读书就是爱国，爱国必须读书。"在6天的社会实践中，学生干部们克服了天气、地形、贫困等艰苦条件，重走长征之路，传承革命精神，视帮贫扶困为己任，真正成为了"感恩、善良、责任、大气"的汇学人！

徐汇中学是"少年中国梦"孵化基地。一座城市要走在文明的前列，核

心竞争力就在于科学基因、红色基因和创新基因。一年多的时间里，徐汇中学"少年中国梦孵化基地"在洪民荣、王泠一等上海史研究专家的引领与指导下，以口述采访为主要载体，完成了对一批革命志士、科技精英、知名校友的走访项目。同学们走近、对话大师，将采访所得记录下来，整理成文，先后多次发表在《文汇报》《新民周刊》《新民晚报》《新闻晨报》等大众传媒上，还被收录到《2016 年上海精神文明发展报告》中。"少年中国梦孵化基地"是徐汇中学德育实践创新的大胆尝试，其取得了令人欣喜的成效。它为同学们搭建了视野广阔、专业性强的学术平台，茁壮成长的青少年们更真切地体会到"爱国""感恩""责任""担当"等精神的具体内涵，这些不是虚无空洞的口号，而是深入骨髓的、属于中华民族的优良品质。

2. 理想信念教育课程

习总书记说过，要坚持学而信、学而思、学而行，把学习成果转化为不可撼动的理想信念，转化为正确的世界观、人生观、价值观，用理想之光照亮奋斗之路，用信仰之力开创美好未来。徐汇中学通过青年党校、团校、"青年大学习"活动、团员"一学一做"主题教育、"汇学团建主题论坛"、团支部主题团日等途径，加强高中生的理想信念教育。

青年党校和团校一向是学校抓思想教育的主要阵地，以培养优秀团干部和共青团员为办学宗旨，其核心意义在于为广大团员青年掌握先进理论、科学文化知识，增长才干、提高思想觉悟，提供了有力的保障。我们精心设计课程，内容充实丰富，形式新颖多样，凝聚更多的优秀青年，为国家培养优秀的青年团员做贡献。"青年大学习"活动旨在引领广大青年团员深入学习宣传贯彻习近平新时代中国特色社会主义思想和党的十九大精神。为深入学习习近平总书记系列重要讲话精神，大力推进从严治团，切实增强团员的先进性和光荣感，全体共青团员开展了"学习总书记讲话，做合格共青团员"主题教育实践活动，督促团员青年把"一学一做"学习教育落实到具体的学习中，以起到一名团员的示范表率作用。而汇学团建主题论坛、团支部主题团日等旨在发挥团干部的示范作用，勉励团员青年要带着强烈的使命感和责任感，不忘初心，坚持信念，努力拼搏，勇于奉献！

3. "汇学育人核心品质"系列课程

众所周知，德育以活动为载体进行育人，"感恩、善良、责任、大气"是徐汇中学的核心育人目标，针对学校德育目标和各学段学生的年龄特点，设计了丰富多彩、循序渐进的德育活动，形成同一体系、不同梯度的德育主题序列活动。

我们主要从形式多样的活动入手，让学生通过各种实践活动来了解育人核心品质的内涵。对于学生而言，活动的开展不能仅仅是形式，更要是"合适"。

此外，序列活动还有："汇学校长奖"评选、"汇学"古诗词吟诵比赛、"汇学"辩论赛和"汇学"小博士比赛等。习核心品质，形汇学风气，汇学始终将育人放在学校教育的中心位置，通过高中同一体系、不同梯度的德育主题系列活动，将"汇学精神"融入学生的成长过程，为培养高情商的爱国者提供最优质的环境。

4. "社会考察"系列课程

这个系列课程有四个主题：爱国主义教育、人文历史、工程素养培育和职业规划，旨在让学生进入真实的自然和社会，接触真实的历史和文化，体验其中蕴含的智慧，培养学生科学的研究方法。

（1）高一年级南京爱国主义考察活动。在为期3天的实践活动中，学生满怀肃穆与敬意，开展了"烈士精神永留存，红旗自有后人擎"的雨花台的祭奠仪式；参观南京大屠杀遇难同胞纪念馆时，除了难以抑制的悲痛和愤怒，更明白了和平何其可贵，青年应当自强！在和平广场的微型班会，更是让学生时刻牢记：要铭记历史，更要鞭策自己，谨记身上的责任，为实现中国梦而努力！

汇学育人核心品质主题活动序列设计（高中）

育人核心品质		高中阶段	序列活动	特色活动
一级指标	二级指标			
感恩	敬老爱亲	感恩教育是维系社会和谐和发展的重要手段，是促进社会道德建设的基石。高中学生主要明确"孝·老爱亲"的对象不仅是家中有血缘关系的老人和亲属，也应该是老师和同学，更应体现出广阔的社会人文关怀，实现"老吾老以及人之老，幼吾幼以及人之幼"	高一： 亲情系列主题班会活动 ①给家中的长辈写一封信 ②写一篇父母观察日记或采访记录 ③议家风，晒家训 高二： 校园系列主题活动 ①给汇学校友写一封信 ②感恩我身边的他/她"征文活动 高三： ①"自豪了，我的校！"征文活动 ②给母校的老师写一封信	1. 优秀学生干部"教育精准扶贫"综合社会实践活动； 2. 少年中国梦"辩论赛； 3. "汇学"小博士； 4. "汇学"主题爱心义卖 5. "汇学"主题爱国主义教育综合社会实践活动； 6. 高一南京爱国主义教育综合社会实践活动； 7. 高二绍兴传统文化教育综合社会实践活动； 8. 高三成人仪式； 9. 高三毕业典礼
善良	纯真温厚	善良教育是德育教育的重要内容，它需要时时刻刻处处留意。高中学生在待人处事中强调心存善良，向善之美，与人交往，讲究与人为善，乐善好施：对己要求，主张独善其身，善心常驻。培养善良的品格，懂得尊重他人，善于理解他人，乐于帮助他人	"立善品，行善事，做善人"日行一善系列活动 高一：家庭主题 高二：校园主题 高三：社区、社会主题	

185

续表

育人核心品质		高中阶段	序列活动	特色活动
一级指标	二级指标			
责任	尽责担当	责任感是每个人都必须具有的素质,并履行责任,每个人都必须拥有责任。高中阶段学生能明确对自我,他人、集体、自然、社会、国家所负的责任与使命,感悟和体验各种社会角色的责任	高一:法制教育系列活动职业体验系列活动 高二:生态环境保护活动(校园护绿队) 高三:国家意识和政治认同	1. 优秀学生干部"教育精准扶贫"综合社会实践活动; 2. 少年中国梦"孵化基地活动; 3. "汇学"辩论赛; 4. "汇学"小博士; 5. "汇学"主题爱国主义教育综合社会实践活动; 6. 高一南京爱国主义教育综合社会实践活动; 7. 高二绍兴传统文化教育综合社会实践活动; 8. 高三成人仪式; 9. 高三毕业典礼
大气	大方从容	大气是一种良好的心理品质,学生在高中阶段要懂得正视自我,体谅他人;做事识大体,能用一颗包容的心来善待身边的人和事;为人豁达,爽气,胸襟宽阔	育人核心品质格言系列活动: 高一:汇学核心品质诗词吟诵大会 高二:汇学核心品质演讲比赛 高三:"我探世事多变化"主题班会课 高一:行为规范,文明礼仪 高二:尊重差异,多元交流 高三:全球视野,理性思维	

186

（2）高二年级绍兴考察活动。我们在大禹陵举行公祭仪式，学习先贤为国为民而忘我的精神，努力继承"大禹精神"；我们在兰亭以曲水流觞的方式作诗词来"畅叙幽情"，感受中华文化的魅力；我们走进鲁迅故居，原汁原味解读鲁迅作品，感慨先生民族之脊梁的高尚精神！汇学学子回眸千年古越的历史，汲取无尽的精神力量！

（3）工程素养培育社会实践活动。学校致力于培养学生的工程素养，除了开设相关课程外，还组织了各种社会实践活动。如高一年级和航海博物馆共建，学习前沿的航海知识；组织优秀学生参观中国航天研究所，学习航天人的精神。暑假期间徐汇中学开展了"工程素养培育暨优秀学生干部"夏令营活动，同学们通过参观东方航空公司和中国商用飞机有限公司等航空基地，近距离接触了大飞机，深入地了解了我国的"大飞机"梦。汇学学子深刻感受到国家对于大飞机项目的重视以及此项目对发展我国航空事业的重要意义，更感受到了商飞人不怕吃苦、默默奉献、敢于创新的卓越品质。学生参观学习的成效内化于心，外化于行，决心努力加强自身科学素养，锲而不舍、脚踏实地，用自己的实际行动为实现中华民族伟大复兴的中国梦贡献自己的一臂之力。

（4）高一职业体验活动。从 2017 年开始，在青年节来临之际，徐汇中学全体高一年级同学参加有趣的职业体验活动。每次的活动体验场所十几家，均由家长志愿者提供，学校做好详细周全的职业体验计划，学生也要完成相关的体验报告。职业体验活动在新高考背景下开展，结合真实的职业情境，为学生提供了接触社会、了解各行各业的机会，受到学生和家长的一致好评。每次活动结束后，汇学学子都表示受益匪浅。其中，有的人更加坚定前行的方向，有的人开始重新审视对未来的规划和设想，甚至有人说，仿佛提前遇见了未来的自己。

在社会考察的过程中，教师会指导学生构建对社会运行机制的理解和引导他们考虑社会责任和自身责任。加强学生了解中国的社会现状，对自己的责任有更清晰的认识。

（二）开展系列主题活动，将爱国主义教育融入丰富活动

徐汇中学坚持尊重、责任、体验、自主的原则，构建主体性、体验性的德育模式，在不同年级开展爱国主义教育主题活动，让学生在红色传统的自主活动中体验责任感和使命感，增强民族自信心。

1. "为实现中国梦而奋斗"系列活动

徐汇中学围绕主题开展了系列爱国主义教育活动。为了引导广大中学生学习理解习近平总书记对"中国梦"的深情阐释，畅想民族复兴"中国梦"的光明前景，始终牢记党的殷切希望，并将中国梦结合自己的理想信念不断为之努力，徐汇中学举办"我的中国梦"主题征文活动，用文字抒写对祖国的情感。同时，学校还开展"青春中国梦——诗歌创作比赛"，张纯然、陈奕名、沈易纯、陶哲纯等同学荣获原创诗歌一、二、三等奖。学校举办了"中华情·我爱我的祖国"为主题的演讲比赛，展示徐汇学子的青春风采，增强同学们的自信心和自豪感，增进思想交流，繁荣校园文化。学校也举办了"日行一善——手拉手圆梦集结号"爱心义卖活动。义卖活动以"手拉手你我共成长，心连心追寻少年梦"为主题，旨在培养学生们良好的道德品质，引导青少年从小事做起，用自己的双手圆美丽中国梦。为把社会主义核心价值体系融入国民教育全过程，徐汇中学围绕"雷锋精神"，结合新时期社会形势深入剖析"雷锋精神"的丰富内涵和时代意义，通过广泛开展"学雷锋，做中华美德少年"实践活动，提高广大青少年的志愿服务意识和无私奉献精神。

徐汇中学"我的中国梦"主题教育系统活动的开展，在师生中取得了良好的反响和成效，通过丰富多彩的系列活动，教育和引导广大师生深刻领会到每个人的前途命运都与国家和民族的前途命运紧密相连，中国梦的编织是由无数国民的梦想共筑而成的。学校作为社会媒介将"中国梦"传达到每个学生和教师的心中，为社会构筑起美好中国梦的广泛基础。

2. 国防教育活动

国无防不立，民无兵不安。国防历来是关系国家安危的一件大事，是民

族精神和爱国主义的集中体现。徐汇中学高一国防教育采用的是"5+5"模式，即暑期在江秋基地军训5天，加上11月在上海市国防教育活动基地——东方绿舟进行的为期5天的国防教育。暑期军训通过在烈日下站军姿、稍息、立正、敬礼、齐步走、跑步走等训练，磨练学生坚韧的意志，培养集体主义精神。这是高中生涯宝贵又特殊的第一课，帮助高一新生更加成熟、自律、坚定和勇敢。在东方绿舟国防教育中，同学们学习紧急救护知识、进行拓展训练、参观航母基地、开展逃生演练、八公里夜间拉练、培训消防安全知识、举行定向越野比赛等。五天的国防教育是短暂的，但是同学们有了蜕变，有了成长，大家经受住了考验，变得坚强勇敢，永不言败的精神深入每一位学子心中。

3. 志愿服务活动

无论是"蓝天下至爱"的募捐活动、三月学雷锋月、平时的高中生志愿服务、"12·5"志愿者日，还是平时学校的大型活动，我们汇学学子都会行动起来，进行志愿服务，弘扬志愿精神，传递慈善温暖。每年的1月1日，徐汇中学高一、高二年级100多名学生志愿者都会参与"蓝天下的至爱"慈善募捐活动。志愿者们用微笑打动路人，在志愿者的宣传下，很多好心人纷纷伸出援助之手，一颗颗炽热的善良之心，为寒冷的冬天注入一股股暖流。学雷锋主题活动月期间，各个团支部也都行动起来，走进校园、走向社会奉献爱心。而学校也在不断地有序推进高中生志愿服务，撰写《徐汇中学高中生社会实践志愿服务课程》，有效提升志愿服务的质量。每年学校评选优秀志愿者，从中产生区级优秀志愿者，徐汇中学近年来已有3位同学荣获区十佳志愿者的光荣称号。

4. 宋庆龄班系列活动

徐汇中学高中的1班一直和宋庆龄故居合作，被誉为"宋庆龄班"，宋庆龄班的同学经常利用课余时间参加各种活动。有的在寒暑假期间到宋庆龄故居做志愿讲解，有的义务制作叶脉书签赠送给需要关爱的儿童。每学期，我校联合宋庆龄故居做各种主题的展览，如《宋庆龄在上海的足迹》图片展。同学们通过展板上这些凝固的艺术，感受时光的流转，一起追随宋庆龄在上海的点滴足迹，感受伟人的精神。又如《生而光明——宋庆龄与中国福利会》的巡展，让汇学学子感受到了国母以为妇女儿童谋福祉为己任的善良大气。有学生说："看了国母事迹，为之感动。我明白了应当继承国母遗风，在实践中培养自己的责任意识、感恩精神、善良人格与大气风度。只有将这些光辉美好的特质发展为我们自身的核心素养，将其作为我们的行为准则，我们才会真正懂得到底为何而读书，才能在未来开创属于我们的天地，才能以我们的毕生精力为国家与民族的发展做出不朽的贡献。"

5. 老干部访谈活动

在徐汇区教育团工委、徐汇区老干部局、徐汇区关心下一代工作委员会的组织部署下，汇学学子有幸连续两年参与"革命传统伴成长"徐汇区中学生对话老干部访谈活动。在"家风家训"访谈中，老革命干部们生动讲述了早年的抗战经历，分享了自己多年来的生活感悟，使同学们更充分地了解了革命的光辉历程和无数先烈艰苦卓绝的奋斗历程，进一步坚定了听党话跟党走的理想信念，也深刻地感受到他们对于祖国的付出与无比热爱，以及对青年学生寄予的厚望。在聆听了老干部讲述的"我和改革开放的故事"后，汇学学子为改革开放的成就倍感自豪，同时也牢记殷殷嘱咐，即当代的高中生们要谨记"百善孝为先"，学会"实践出真知"，告诫自己"克服惰性"，努力做到"积极进取"。

访谈活动充分发挥休老干部的积极作用，弘扬正能量，有助于培养当代高中生正确人生观和价值观，使青年学子明白肩负的社会责任，不断完善自己，成为能为党和国家的建设做出重要贡献的人。

（三）开展各项仪式教育，将爱国荣校渗透学子血脉。

学校教育仪式是体现教育目标经过精心设计的而固定下来的礼仪活动，对学生的心灵起着深刻、持久、潜移默化的感染效应。学校的仪式教育可以通过精心的安排来表达内隐的教育内容，从而培养高尚的情操，启迪学生的心智。

1. 开学典礼

《易·系辞上》有云："圣人有以见天下之动，而观其会通，以行其典礼。"开学典礼是在新学期开始隆重地举行的仪式，旨在回顾、总结上学期成绩，展望新学期的工作。徐汇中学结合学校重点工作，精心设计每一学期的开学典礼，给学生搭建展现自我的舞台。这两年的开学典礼主题有："喜迎十九大——志愿奉献汇学人，青春助力中国梦""新学期新面貌，新成长新成绩""多彩发展汇学人，奋斗开启新征程""汇聚新起点，扬帆新征程"等。多彩庄重的开学典礼让汇学人充满着期望迈入新学期，朝着"感恩，善良，责任，大气"的目标不断奋进！

2. 十八岁成人仪式

十八岁，是生命航线上的又一个新起点；十八岁，是生命旅途中的又一个里程碑。十八岁是学生成长过程中的重要时刻，徐汇中学每年都会隆重举行十八岁成人仪式，因为成人意味着要负起责任和义务，成为文化的建设者、文明的传承者和国家责任的承担者。不仅如此，天下兴亡，匹夫有责，祖国的未来就掌握在青年人的手中。仪式包含：学生代表向先贤烈士敬献花篮、家长和师生代表发言、分发《中华人民共和国宪法》、佩戴成人徽章等。全体高三学子面向鲜艳的五星红旗，以中华人民共和国公民的名义，庄严宣誓："以我不懈奋斗，同筑中国梦想；以我火红青春，共创崭新未来！"

3. 升旗仪式

升旗仪式作为中小学德育活动中的重要内容，从教育者的角度来看，它是学校一种必需的教育行为。每周一次的升旗仪式目的是要使仪式参与者逐渐产生集体自豪感，激发学生的爱国主义情感。为了让学生深刻体验升旗仪式的重要性，徐汇中学精心培养了国旗班，国旗班成员都是学生中的优秀代表，经受过严格的训练。他们从升旗仪式的每个程序中亲身感受到升旗仪式的庄严隆重。而国旗下的讲话也都有不同的主题，如爱国主义教育、安全教育、纪念日教育、诚信教育、文明礼仪教育、励志教育等。每年国庆前夕，学校都会举行"向国旗敬礼"的主题升旗仪式，举行国旗班的交接仪式，为祖国母亲庆生。学校通过国旗下的讲话这一仪式教育，将升旗仪式指向国家神圣的活动，在学生心目中建立起国家与他们之间的关系，建立起一种责任感与使命感。

4. 入团宣誓仪式

《团章》中规定：新团员必须在代表着团组织的团旗下举行一次严庄严而富有意义的入团宣誓仪式。这不仅仅是一种规定，更是一种仪式教育，让新团员将入团誓词牢记心中，并以此激励自己承担起一名共青团员的责任感。除了新团员进行入团宣誓，徐汇中学团委也组织老团员开展以"重温入团誓词，践行青春誓言"为主题的团日活动，戴团徽、亮身份、树形象、做表率。在洪亮的宣誓声中，让大家又经历了一次心灵的洗礼坚定团员理想信念，激发广大团员青年民族自豪感、责任感和使命感，在工作中真正发挥团员青年生力军的作用。

5. 毕业典礼

毕业典礼，不仅仅是一个告别校园的仪式，而被赋予了更高的意义，逐渐成了校园教育的一个重要环节，是学校校风、文化氛围的浓缩。近年徐汇中学的毕业典礼形式越来越生动，寓意越来越丰富，特别是今年增加的环节。高三毕业生们通过"汇学"门走上舞台，接过高中毕业证书，并请校领导们为学子的成人帽拨穗。学生拿着毕业证书，再走过"达人"门，将带着老师家长们的殷切期望——"徐以成己，汇则达人"，走向新的开始。高三毕业生们通过感受仪式的神圣，表达对母校的深厚情谊，永怀感恩之心，铭记身上责任，成为社会栋梁。

6. 清明祭扫仪式

祭奠先人、感恩先辈是清明节最重要的主题。每年的清明节前夕，徐汇中学高中团委学生会的同学们，怀着一颗赤诚之心，用实际行动表达了对爱国老人、我校第一位华人校长马相伯先生的缅怀与崇敬，并以此来激励自己。对于我们徐汇学子而言，马相伯老人是我校的第一位华人校长，也是中国近代教育改革的先驱，更是一位伟大的爱国者。汇学学子时刻铭记马相伯的谆谆教诲："读书不忘救国，救国不忘读书。"清明祭扫仪式的意义就在于慎终追远、传承文化。徐汇学子缅怀马相伯校长，不仅仅是表达对马校长个人的景仰与纪念，更是希望马校长的精神能得以传承，以民之富、国之强为己任。

（四）加强校园环境建设，打造红色景观文化

上海市教育部和各级党组织等多年来一直关注社会主义接班人的思想教育问题，对于习近平总书记反复强调的"传承红色基因"的号召一直铭记在心，上海徐汇中学也是在不断地摸索，通过各种课程和活动来打造红色文化教育体系，让红色文化的基因根植于学生的血液中。除了开发系列课程和主题活动，各学校在校园环境建设上，也力求通过打造红色景观文化对学生进行潜移默化地教育。学校的汇学博物馆和汇学长廊宣传学校的历史，展现了徐汇中学丰厚的历史和文化底蕴。校园内、教室里到处都张贴着"社会主义核心价值观二十四字"，让汇学学子熟记于心，并内化为自己的素质。每逢重大事件纪念日，学校的宣传栏、黑板报都会展示革命烈士的英勇事迹、相关图片等。汇学校园内经常会有一些主题展板的展示，如《宋庆龄在上海的足迹》图片展、《中国航海发展史》资料展等。

另外，校园内还有一些具有徐汇中学特色的宣传展示。校园内常常能看到"汇学校长奖""汇学科技之星""美德少年"等宣传板，以让学生发现并学习身边的榜样，激励自我成长。第一、二届两岸徐汇中学师生艺术联展的画作也在具有百年历史的崇思楼画廊展出，艺术展的主题为《根》，以体现两岸徐汇中学同根同源、友好交往的宗旨。校园环境的打造能让学生在日常的学习环境中感受红色文化的魅力，接受红色文化的熏陶。

"让红色基因代代相传"是习近平总书记在新形势下提出的新课题和新要求。学校肩负着为中国特色社会主义事业培养合格建设者和可靠接班人的重任，就必然承担着新时代传承和弘扬红色基因的光荣使命。上海徐汇中学在习近平总书记提出的新课题和新要求的号召下，积极探索和实践传承和弘扬红色基因的路径，通过多年来的活动和课程的实施，构建了富有人文教育

特色的"红色文化"教育体系。

参考文献

[1] 戴谋元, 卜华平. 高校国防教育中传承红色基因的路径探析 [J]. 课程教育研究, 2018 (48): 12—13.

[2] 何志旭. 传承红色基因, 强化立德树人 [N]. 贵州日报, 2018 - 11 - 27 (012).

[3] 孟凡任. 弘扬优良传统, 传承红色基因 [N]. 中国老年报, 2018 - 11 - 14.

[4] 李雅兴. 传承红色基因, 培养合格人才 [N]. 中国社会科学报, 2018 - 09 - 19.

[5] 习近平谈红色基因传承 [J]. 福建党史月刊, 2018 (09).

传承百年"汇学"中的红色基因

上海市徐汇中学　施如怡

习近平总书记在 2018 年 9 月 10 日的全国教育大会上发表重要讲话，从党和国家事业发展全局出发，突出强调了加强党的领导对于做好教育工作的极端重要性，习总书记提到，在教育工作中"要在坚定理想信念上下功夫，"要在厚植爱国主义情怀上下功夫"。习总书记在安徽考察调研时的讲话也提到，革命传统教育要从娃娃抓起……使红色基因渗进血液，浸入心扉，引导广大青少年树立正确的世界观、人生观、价值观。因此，遵循党的教育方针，将红色基因融入高中生文化底色势在必行。

红色基因是信仰，目光远大，追求高远；红色基因是忠诚，爱党爱国，矢志不渝；红色基因是追求，勇于拼搏，自强不息；红色基因是忘我，无私奉献，无怨无悔。红色基因，让青春常驻，让生命之花绽放，让人生的每个时期都有其独特的魅力。红色基因的内涵丰富而具有层次。红色基因内涵当中的"信仰""忠诚""追求""忘我"可以通过不同形式、不同程度地融入高中学校的日常德育工作中，同时，也必定需要与每一所学校的传统与特色相互融合，以达到更好的成效。

就当下的实际情况而言，徐汇中学是一所拥有 168 年悠久历史的百年老校，在办学传统中有许多与红色基因相关的资源可以挖掘利用。学校现在致力于创建工程素养培育特色高中，学校的育人目标是培育有科学精神、创新能力、中西贯通、家国情怀的现代社会的建设者。而在创建特色的过程中，理想信念教育是不可或缺的关键环节。

在学校党总支的高度重视和全力支持下，徐汇中学以"传承百年'汇学'中的红色基因"为目标，在充分挖掘"汇学"特色的基础上，将红色基因融入高中生文化底色，做好理想信念教育。

一、走近校史：感受"红色基因"

徐汇中学创办于 1850 年，是一所拥有 168 年悠久历史的百年老校，有"西学东渐第一校"美誉。虽然是一所由西方传教士创办的学校，但在发展的过程中，"汇学"所培养的人才精英荟萃，校友中不乏爱国志士和革命烈士，通过宣讲、学习这些知名校友的故事，帮助"汇学"的同学们初步感受"红色基因"，是我校理想信念教育的第一步。

其中，每年高一新生的入学教育中，走近校史是不可或缺的一部分。我校的党总支副书记姚虹老师会为高一的全体新生开设主题讲座，主题是"追寻百年汇学的家国情怀"。姚校长的讲座围绕着"校园中被值得永远铭记的人和事"展开。从汇学学子最为熟知的老校友、老校长、爱国老人马相伯说。其中，被誉为"国家之光，人类之瑞"的马相伯对汇学学子的谆谆教诲是"读书不忘爱国，爱国不忘读书"。马相伯一生坎坷，却始终为了救亡图存奔波呼号，虽然他不是共产党员，但他身上的"追求"和"忘我"都是红色基因深刻的内涵，值得被所有的"汇学人"铭记。

顺着历史长河而上，"汇学"校史中还能充分挖掘出与许多与"红色基因"相关的故事。例如，在抗战时期"汇学"师生坚持努力学习、齐心保护难民的故事，当时的学生钱振邦写道："我们可能读一天书，总是要读一天书的。"同学们在感受到师生们强烈的爱国情怀与求知欲的同时，也体会到在当下应当更加珍视和平，发奋学习。

曾任我校教师的"独臂神父"饶家驹先生在上海创建南市难民区，先生毕生追求和平，拥有悲天悯人的情怀，他的坚韧和执着深深打动了同学们；1944 届校友任九皋先生说过"回母校，如回老家"，他在成为澳洲华裔首富后，仍念念不忘母校，为我校提供大量资金以发展硬件设施；学校第一任党支部书记王仲麟动员学生抗美援朝；1949 届校友胡聿章在朝鲜战场牺牲成为烈士，他的同学为其保管毕业证书六十余载；1950 届校友魏敦山院士和 1962 届校友褚君浩院士在工程、科学领域为国家做出卓越贡献；1992 届校友杨爱华在世界游泳锦标赛上为祖国夺得金牌；2003 届校友马青骅获 CTCC 年度车手总冠军。

这些杰出校友虽然身处不同领域，但在他们身上，"汇学"学子们都能感受到"红色基因"的不同内涵。这些校友的故事深深感动并鼓舞着"汇学"的高一新生们，激励大家早日树立目标，为传承汇学深厚光辉的底蕴而奋发图强，砥砺前行。

二、主题团课：体悟"红色基因"

我校高中各团支部的专题组织生活会、学生团校都是将"红色基因"融入高中生文化底色的重要阵地，在学校党总支的引领和支持下，我校依托团委，开展主题鲜明、形式多样的主题团课教育，在"走近校史"的基础上拓宽"红色基因"在知识层面的范围，还尝试将实践考察融入其中，作为体悟"红色基因"的主要手段。

高中各团支部每月都会定期召开一次专题组织生活会，学习主题都与党和国家最新、最前沿的动态相关，如 9 月的主题为学习习总书记"7·2"讲话精神暨"青年大学习"启动仪式，10 月是围绕国庆为主题的献礼祖国母亲寄语活动，11 月为"青年大学习"网上团课学习体会分享，12 月为纪念改革开放 40 周年主题学习活动。除了专题学习讨论会之外，高一年级各团支部还通过探访上海历史文化遗迹的方式开展学习，探索"知行合一"。通过定期、定主题的理论学习活动，"红色基因"得以从团员青年开始，不断辐射周边。

此外，在常规的学生团校中，校团委也尝试开展形式更生动、内容更多样的"汇学团建主题论坛"，让优秀学生团员走上讲台，分享理论学习经验。

11月，来自高二、高三年级的3名优秀团员代表与同学们分享了他们在共产主义青年学校所收获的思想理论成果和援滇志愿服务的宝贵经历。有的同学在分享中勉励大家，作为青年，我们要去思考自己的初心是什么，明白自己的使命感和寄托，最终付出行动，这才是"知行合一"。也有同学结合时事热点，用层层深入的分析带领同学们领略了改革开放40年来的激荡岁月和邓小平理论。还有同学以自己志愿服务的经历告诉大家，在志愿服务中所收获的便是实现自我价值，提高社会价值，弘扬正能量，并倡议同学们将志愿服务和奉献精神根植于心，不忘初心，奉献反馈社会，享受奋斗的青春。来自身边同学情真意切的分享是最能打动人心的。不知不觉中，"红色基因"已润物细无声地融入同学们的文化底色中。

三、社会实践：践行"红色基因"

"知行合一"中的"行"，是最后一个层面，也是最深入的层面。我校通过丰富多样的社会实践活动，帮助学生在践行的过程中，对"红色基因"的内涵有更真切的认识，在情感认同中加强理论认知，推动红色基因入脑、入心。

为此，我校的学生发展中心精心编写了《上海市徐汇中学高中生社会实践手册》，内容囊括高中三年所有的社会实践活动，这本手册更像是学生的成长记录册，记录了学生每次社会实践的准备阶段、实践阶段和总结阶段，其中多项活动都与"红色基因"融入高中生文化底色有着密切的关联。

2017年暑期，我校组织优秀学生干部奔赴国家级贫困县开展教育精准扶贫的综合社会实践活动。在活动中，学生走进社会、认识社会，在了解当今中国农村现状的同时，更加关注贫困地区留守儿童的情况，培养学生热爱劳动、勤俭节约、艰苦朴素的品质，提高学生的社会责任意识和人文情怀，以实际行动践行社会主义核心价值观。这项夏令营活动不仅有高起点、高视角，着眼于党和国家的"三农"政策，关注贫困地区的教育现状，进行教育精准扶贫，探究问题背后的原因，帮助学生树立远大抱负，增强报国使命感。这项活动也能从学生主体、自我教育的角度出发，着眼于综合社会实践，充分调动学生的积极性，强调学生的自我关注、自我管理、自我提升、自我展示、自我评价，从而提升人文情怀，增强自我教育意识。活动过程中加强实践、重视体悟，着眼于贫困生活体验，培养学生吃苦耐劳、助人为乐的品质，锻炼坚强的意志，从而提升生存能力，增强心系苍生意识。整个活动的设计与组织都着眼于红色考察和活动过程，回顾历史，缅怀先烈，了解现状、发现问题，力求开展与建设新农村、教育精准扶贫相关的课题，撰写研究报告，从而提升学术探究能力，增强思辨意识。该项社会实践活动取得了良好的成效与反响，是红色基因融入高中生文化底色的一次成功尝试。

四、总结

以上三个方面是我校在红色基因融入高中生文化底色方面的初步探索与尝试，但我们深知，这是一项需要持续、长期投入大量时间、精力与资源的德育工作。我校将继续以传承百年"汇学"中的红色基因为抓手，不断进取，寻求增长点和突破点，在范围上更广泛，在形式上更多样，在内涵上更深入。

"感恩、善良、责任、大气"是"汇学人"必须具备的品质，但这些品质的培养必须将"红色基因"融入其中，所有的这些品质最终都将要助力徐汇中学学子"明日长大成材，定为祖国争荣"！

徐汇中学传承红色基推动国防教育的深入开展

上海市徐汇中学　邓玉琴

2016 年 7 月 1 日习近平总书记在庆祝中国共产党成立 95 周年大会上发表重要讲话，指出"青年是祖国的未来、民族的希望，也是我们党的希望"。青少年的国防教育是全民国防教育的重要组成部分，搞好青少年的国防教育关系着整个全民国防教育事业的健康发展。《中华人民共和国国防教育法》中明确指出："学校的国防教育是全民国防教育的基础，是实施素质教育的重要内容。"对当今部分意志力薄弱、缺乏团结合作精神的年轻人而言，加强国防教育具有重要的意义。提高和加强青少年的国防素质，是国防教育的百年大计。当前，学校已经成为开展国防教育、传授国防教育知识的关键平台。徐汇中学依托红色基因积极参加国防教育特色活动，开展形式多样的主题实践活动，致力于增强高中生的国防意识。

一、充分依托学校红色资源

徐汇中学有着悠久的传承历史和丰富的红色资源，这为学校国防教育的开展提供了非常有利的氛围和条件。学校建有非常完善的校史馆，每年高一新生入学教育都要参观校史馆，了解学校的光荣历程，同时学校还为他们开设了"追寻百年汇学的家国情怀"的主题讲座。在"汇学"校友中不乏爱国志士和革命烈士，通过宣讲、学习这些知名校友的故事，缅怀革命先烈，帮助徐汇中学的高中生们初步感受"红色基因"。

每年的清明时节，徐汇中学的师生都会在校园里马相伯像前进行清明祭扫活动，他们为老校友、老校长、爱国老人马相伯和"汇学"校友中的革命烈士刘一鸿、郑光宁、钮恩耀、胡聿章等敬献花篮和鲜花，朵朵纯白的鲜花象征着先烈们的高尚品质和无私奉献精神，也寄托着高中生对先烈们崇高的敬意和无限思念之情。祖国繁荣富强离不开革命先烈们的舍身拼搏和顽强斗争，这种精神应当代代相传、薪火不断。"汇学"学子必将向革命先烈们学习，不忘初心和使命，勇往直前。

二、参加国防教育特色活动

徐汇中学高度重视国防教育活动的开展，特别是上海市教委组织的"走进边防线"活动，并以此为抓手推进学校国防教育活动。

"走近边防线"活动作为上海市青少年国防教育的品牌活动，是加强青少年国防教育的创新平台。自 2013 年起，"走近边防线"系列活动已成功举办 6 届。每年都会面向全市 16—18 岁青少年开展国防教育主题活动，并从中选拔一批优胜者实地踏访我国万里边防线上的 1—2 个点。走进边防线系列活动的目的，就是紧贴时代要求、着眼上海特色、针对青少年特点，探索全民国防教育的新思路、新形势、新内容，增强"崇军尚武、爱我中华"的理念，为上海全民国防教育工作走在全国前列做出贡献。活动的第一阶段，全市的高中生将参与网上的国防知识竞答，全面普及国防知识；第二阶段，全市 17 个区（县）选拔产生的候选营员将在东方绿洲展开考核选拔，按照综合成绩排名，再结合每年不同特色的选拔活动，最终优秀营员脱颖而出，成为上海国防教育训练营的营员踏访祖国的边防线。

2015 年，我作为徐汇区"走进边防线"活动的的辅导员，带领全区的高中生代表参加全市选拔。经过东方绿舟的各项"技战术"选拔后，有 3 名学生进入了最终选拔，我校的张夏枫同学也光荣地名列其中。这一年的特色选拔活动来到了上海教育电视台，学生通过各区知识竞答和演讲比赛进行小组比拼。最终，徐汇区代表队夺得小组电视选拔的第一名，徐汇区的 3 名学生全部入选上海国防教育训练营，"汇学"学子张夏枫同学更顺利"出征"满洲里，领略祖国的边防战线。虽然结果是"甜"的，但过程却是"苦"的。我深深地记得，当得知电视选拔的内容有演讲比赛的时候，张夏枫的眼里有了一丝闪烁，但之后却是分外的坚定。原来身体素质过硬的他，性格偏内向。对于不善表达的他而言，演讲比赛无疑是他的弱项。最开始，他演讲时音量很小，语调停顿都不顺畅，连眼神都不敢直视前方。我看得出他心里苦恼，就问他："你为什么要参加这个比赛？""我有一个梦想就是要成为一名军人。"那刻，他坚定的眼神，深深触动了我。就是凭着坚定的信念，通过反复的琢磨，跟着老师一遍遍练习，不断地推敲，最后在演讲台上的他竟然获得了9.7的高分，这一刻我心潮涌动，为他而感到无比的自豪。踏访归来，张夏枫和同学们分享他这次征途感想："少年强，则国强。当我回到上海，独自坐上地铁回家时，我仍然情不自禁地挺直腰板、双手自然放于膝盖、只坐三分之一的座位。人民的生活变好了，不代表国防力量就可以松懈了，巩固国防实力、传承革命精神的任务仍然需要我们这一代青年的不懈奋斗。"

2017年，我还有幸作为上海市的"走进边防线"活动的的辅导员带领全市的脱颖而出的优秀营员出征福建海防线。同年，我还被评有2017年度"上海市国防教育先进个人"的荣誉称号。我想许多人在青少年时期都曾有过"军营梦"。今天，和平的周边环境对我国的社会经济发展极其重要。在这种形势下，普及国防教育，树立全民国防意识，更是全社会责无旁贷的应尽义务。"走近边防线"活动是一次很好的实践体验，它将红色基因牢牢地植入高中生的心中。

三、开展形式多样的主题实践活动

（一）国防教育主题活动

为全面提高"汇学"师生国防安全意识，普及国防知识和技能，学校除了开展各类国防教育和安全教育的主题仪式活动，每年的全国国防教育日，"汇学"师生也都会进行实战的逃生演练，培养学生国防意识。今后，国防教育安全疏散演练活动将成为每月常态化的工作，真正将防患意识落到实处。

（二）专题讲座

学校紧密贴合改革开放 40 周年的主题，邀请来自上海中国航海博物馆的专家为高中生进行"中国海军舰赏"专题讲座。通过生动有趣的互动问答、最新最热的时事动态、生动形象的图片资料，深入浅出地科普了我国海军舰队的分布、配置的基本情况和命名原则。最后，中国海军征兵宣传视频将讲座推向了高潮。海军在一个国家的国防力量中占据着无可替代的地位，对中国海军的初步了解激发起了高中生强烈的爱国情怀，同学们心中无不为中国海军喝彩。

（三）军训

每年高一新生都会前往江教育秋基地进行为其 5 天的军训，到了 11 月又会前往上海市国防教育活动基地——东方绿洲开展 5 天的国防教育和军事训练。军训是严格的，炙热的太阳下，高强度、高标准的训练要求是对学生意志品质的磨练，培养高中生吃苦耐劳的精神和集体主义精神。在东方绿洲，同学们参观了航母基地等军事场地，开展各项素质拓展和安全急救的知识培训，丰富多彩的各项活动让学生在实践中懂得国防知识、了解军事技能和掌握急救方法，全方位提升了高中生的国防意识。

（四）国旗班

学校每年都会在高一年级选拔优秀的学生组成国旗班，能成功进入国旗班是一份荣誉，更是一份责任与担当。国旗班承担着学校升旗仪式、运动会等学校大型活动的出旗、升旗仪式的任务。每一年，我校都会举行庄重严肃的新老国旗班交接仪式，这不单单是一次人员的更替，更象征着徐汇中学国旗班精神和传统的延续。国旗班守护的不仅仅是五星红旗，守护的更是新时代高中生所肩负的职责，热爱祖国，树立理想，扛起建设祖国的重任。

习近平总书记在党的十九大报告中强调指出，我们的军队是人民军队，我们的国防是全民国防。要加强全民国防教育，巩固军政军民团结，为实现中国梦强军梦凝聚强大力量。这一重要论述深刻阐述了国防教育在新时代实现中华民族伟大复兴中国梦中的地位和作用。徐汇中学高度重视把红色基因融入高中生教育之中,传承红色基因,推动国防教育活动的开展,为培育学生国防精神奠定了扎实的基础。进入新时代,传承红色基因,关系到党和国家的前途,关系到中华民族的命运,关系到中国梦的实现,同样也关系到全民国防教育。学校还会不断努力,不断探索,在红色基因传承中做实国防教育,增强高中生政治意识、国防意识、危机意识和大局意识,激发他们的爱国之心、报国之情、强国之志,让广大学生了解人民解放军光荣传统,磨砺学生的意志品质,培养艰苦奋斗、吃苦耐劳的作风,增强战胜困难的信心和勇气,培养为实现中华民族伟大复兴而努力前进的新时代好少年。

文明礼仪教育中"传统"与"现代"的正确分析引导初探

上海市向东中学　张　漪

孔子云:"不学礼,无以立。"《荀子·修身》:"人无礼则不生,事无礼则不成,国家无礼则不宁。""礼者,所以正身也;师者,所以正礼也。无礼何以正身;无师吾安知礼之为是也。"古代先贤们早已论述了中国传统礼仪文化对社会安定、国家兴旺、社会交际、个人发展的重要作用及礼仪教育的重要性。而在当今,随着人与人、国与国之间交往的日益频繁,学礼、懂礼、守礼对于提高公民人文素养,构建和谐人际关系,营造良好的人文环境,尤为重要。《中共中央关于社会主义精神文明建设指导方针的决议》中明确指出,要树立和发扬社会主义道德风尚,2001 年中共中央又在《公民道德建设实施纲要》中把"明礼"作为基本的道德规范之一加以倡导,强调要开展礼仪活动,提高公民素质。当然,中国传统礼仪经过长期的历史演变,又与外国礼仪文化交融,同时融入了一些时代信息,形成了现代中国礼仪文化。虽然古今礼仪内涵不同,但在学校教育中,文明礼仪教育始终是德育的重要组成部分。

中华传统礼仪教育中蕴含许多符合时代精神的内容。分析传统礼仪和现代礼仪的本质,寻求两者间的关系,思考传统礼仪在现代文明礼仪教育中的作用,客观辩证地看待、继承和发展中国传统礼仪文化,建设作为社会主义精神文明重要组成部分的现代礼仪,是现代学校更好地发展、完善学校礼仪教育理论，实施礼仪教育的前提。

一、礼仪的含义

《辞源》对"礼"的基本含义的解释是：规定社会行为的法则、规范、仪式的总称。"道之以德，齐之以礼，有耻且格。"（《论语·为政》）中国历代思想家也从不同的角度阐述过"礼"的含义和内容，归纳起来，大体上可分为三个层次：一指整个社会等级制度、法律规定和伦理规范的总和，二指社会的道德规范和伦理准则，三指礼节仪式和待人接物的方法。

"人而无礼，焉以为德。"（杨雄《法言·问道》）礼是道德的基础，倘若一个人不懂得"礼"，就不可能有"德"。人的成长过程，就是不断汲取知识和培育德性的过程。一个人有内外两个方面，内求德性的纯正，外求言行的端正。所以，"礼"是内在的，"仪"是外在的。"礼"要通过"仪"来体现，而"仪"是来表达"礼"的。文明礼仪教育中，既要熟悉礼的外在形式，又要把握礼的内在精髓。礼仪活动本质上是一种利己利人的道德活动。

二、传统礼仪和现代礼仪

1. 传统礼仪的本质

传统礼仪的本质是"分"，区分"君臣、上下、父子、兄弟、内外、大小"（《左传·襄公三十年》），维护等级制度。为了缓和不同等级间的对立，儒家又提出"仁"（爱人）、"和"（和谐）来补充，为求"和"，就要"制中"，即"执其两端，用其中于民。"（《礼记·中庸》），不让"分"走向极端，引起双方关系的破裂和对抗，那就要"让"，所以有"让，礼之主也"的说法。做到了"分""仁""和""中""让"，社会才会有条不紊、安然有序。国家是一个等级秩序明确，又协调和谐的社会共同体。

传统礼仪体现着统治阶级的意志，代表着国家的整体利益，在塑造完美人格、协调社会矛盾、安定社会秩序等方面具有重要作用，因而礼仪教育受到历代当政者和教育家的重视。

2. 现代礼仪的本质

随着社会发展，我们进入了工业化、信息化社会，封建社会政治法律制度所规定的等级制度被消灭，民主社会制度的确立使"礼"的本质发生了质的变化，它摒弃了维护等级制度的本质。现代社会越来越频繁的人际交往，使"礼"成为人际关系的润滑剂，成为人们用来艺术地处理各种复杂关系、避免摩擦、减少冲突、化解纠纷和矛盾的手段和方法。所以现代礼仪的本质是"敬"，要求人与人相处要真诚待人，诚实做事，做到全方位地尊重、尊敬身边的每一个人。

所以，现代礼仪教育可以帮助学生及时地掌握礼仪规范，遵循相互尊重、诚信真挚、言行适度、平等友爱的原则，有效地与交往对象建立起和谐、良好的人际关系。

3. 传统礼仪和现代礼仪的关系

礼仪的发展演变，是一个由简到繁再由繁到简的发展过程。从祭天祀神，到维系宗法统治，再到单纯的敬人尊己，我们可以看到传统礼仪是现代礼仪的基础，现代礼仪是传统礼仪的继承和发展。传统礼仪有糟粕也有精华，现代礼仪正是在不断地剔除传统礼仪的糟粕并取其精华的基础上发展起来的，是既符合国际惯例又具有中国特色的社会行为规范。

中华传统礼仪的基本精神，从本质上看，也是中华民族精神：一是尊祖宗、重人伦、尚礼仪；二是求和谐、行中庸、推善举；三是崇道德、重孝廉、铭恩耻；四是讲天人协调，求道法自然。现代礼仪的内容和形式虽然会随着时代的变迁而不断演变，但它与传统礼仪一脉相承的却正是这些精神元素，现代礼仪理应包含仁、义、礼、智、信、温、良、恭、俭、让等传统美德。

中国传统礼仪教育的成功经验对于改进和加强当代青少年的文明礼貌教育具有重要的意义。如果我们能在现代文明礼仪教育中，对待传统礼仪采取批判继承的态度，不丢弃中华民族温、良、恭、俭、让等精神风貌，那会对当今中学生学习礼仪起到很大的推动作用。

三、传统礼仪在现代文明礼仪教育中的作用

中国社会经济高速增长，物质财富不断增加，但人们的精神世界却未得到相应提升。社会文化价值和伦理价值正处于从无序到有序重新构建的过程中，青少年中只"知书"而不"达礼"者多。有些青少年不懂得尊重他人、不懂得孝敬长辈、不懂礼让，讲话粗鲁、态度蛮横，还有些青年受一些片面认识的影响和西方流行时尚、礼仪的盲目追捧，认为中国的"礼"文化都是糟粕。虽然说借鉴西方礼仪的精华是文化交流的一部分，但盲目追捧，会失去文化自尊，而如果失去了传统文化的核心——礼，那么中华民族的根脉就会动摇。所以，在构建社会主义和谐社会的过程中，我们必须要从传统礼仪中寻找它的智慧和思想，从传统礼仪的精神中提炼出现代礼仪的精神。这是文明礼仪教育中，我们需要不断思考的问题。

1. 弘扬爱国主义精神，彰显传统文化礼仪

传统礼仪强调整体精神，强调为国家、为民族的爱国主义思想。把"克己奉公""以天下为己任""精忠报国"作为价值理想，就是要重视国家、民族的整体利益，顾全天下的安危，提倡公忠，反对邪奸，维护统一，反对分裂。这种强调以国家利益、民族利益为重，以为国家的振兴和民族的统一为个人毕生追求的道德观是当今社会不可或缺的。

爱国主义作为一种经由千百年形成和巩固起来的、对自己的祖国最深厚的道德情感，已成为内涵丰盈、外延广阔的教育体系。因为它不仅是一种崇高的道德规范，而且是一个人爱心、责任心、人格、境界的体现，是凝聚和调动人们为振兴中华，实现伟大中国复兴梦的精神力量和思想源泉。简单地说，爱国主义就是维护国家的尊严和利益，就是做一个堂堂正正的中国人。在文明礼仪教育中，空洞地讲爱国是没用的，应当让学生认识到学习传统文化是爱国精神的具体表现。中华民族的历史中不乏像诸葛亮"鞠躬尽瘁，死而后已"、范仲淹"先天下之忧而忧，后天下之乐而乐"、林则徐"苟利国家

身死以，岂因祸福避趋之"、周恩来"为中华之崛起而读书"的爱国主义的范例，所以从民族英雄爱国的事迹开始，让学生对传统文化形成认同感，认识到自己是中华民族的子孙，树立像一代伟人邓小平那样"我是中国人民的儿子，我深情地爱着我的祖国和人民"的爱国情怀，并认识到"勿以善小而不为，勿以恶小而为之"也是一种爱国情怀，只有增强学生的主体意识，方能收到实效。可以根据学生的年龄，从他们的身心和认知特点出发，用他们喜闻乐见的动漫等方式，开展文明礼仪熏陶，淡化教育痕迹，在潜移默化中帮助他们养成文明礼仪。还可以将文明礼仪融入各种教育场合和活动中，比如，在校艺术节、读书节等活动中举办以文明礼仪为主题的征文、摄影、演讲比赛等，这样，教育会更有感染力。

2. 尊重人性人情，重视生命价值

中华传统礼仪主张仁道、仁爱、厚德仁民的道德观。"仁者人也，亲亲为大；义者宜者，尊贤为大。亲亲之杀，尊贤之等，礼所生也"（《礼记·中庸》）告诉我们，传统礼仪弘扬人性中善的一面，抑制人性中恶的一面。儒家所倡导的"敬始而慎终"的人生态度以及与之相关的礼仪原则和仪式，无不贯彻和渗透着人道精神和人文关怀。这种礼仪精神反映到现代，就是提倡人与人之间要互相关心、互相尊重、互相友爱、互相帮助，就是对他人要有善心，以善待人，己欲立而立人，己欲达而达人。己所不欲，勿施于人。尊重人性人情，规范自己的心性，和谐人与人之间的关系。只有将"礼"的自然情感基础与"仁"的精神内核做了沟通，使社会规范的外在性与道德主体的内在性相接轨，才能真正重视生命价值。

在文明礼仪教育中，要培养仁爱意识。首先要学会与人为善和敬人的方法。《礼记》说："夫礼者，自卑而尊人。"这告诉我们要出自内心地尊重他人，诚于中而形于外，表里一致，才能从根本上消除人与人之间的隔阂、摩擦，平等地对待他人，尊重他人的意愿。"不责人所不及，不强人所不能，不苦人所不好"（《文中子·魏相》），有助于我们坚持和而不同的原则，以一种宽容之心去处理与自己、与他人、与世界的关系。只有让学生懂得尊重他人的人格、尊重他人价值选择的自由，他们才会欣赏这个社会的丰富多彩，才会接受与自己不同的多元文化，也才会有多元社会的和谐。其次要树立人与自然和谐相处的道德理想和信念。现代社会中需要提倡"天人合一"的思想，现代礼仪不仅要强调爱人，更要强调爱一切生命，把热爱自然、保护自然作为现代礼仪的基本要求之一。因此在文明礼仪教育活动开展过程时，内容要贴近生活，可以结合时事，选择社会新闻热点进行宣传，用现实生活中的案例故事来引导、用学生身边的榜样来引导，还可以通过如"礼貌待人、孝敬长辈、先人后己"等主题文化活动，让这些理念内化为学生的行为。

3. 塑造独立人格，关注自我人生

《周易》云："天行健，君子以自强不息。"自强不息不仅是君子的高贵品格，也是用以鼓励和要求人们自强自立、艰苦奋斗、奋发图强的精神力量。儒家的礼仪文化体现了人的主体精神的觉醒，它将一个人的理想人生轨迹设定为"修身、齐家、治国、平天下"，实则体现了一种社会责任意识，同时也引出了一个关于自我人生的问题，即如何完善自我以成就个人的价值。中华传统礼仪教育强调"内省"与"克己"。朱熹讲"博学之、省问之、审思之、明辨之、笃行之"，反映的都是"独立人格"所要求的反躬自问、严于律己。当今社会，我们依然推崇自强不息、独立自主，并把它作为个人进德修业、掌握自己命运的根本，真正地从自身的价值需要出发，在市场经济的大环境下，自觉地实践自己的道德准则。

事实证明，当今许许多多的问题都出在道德认知上。我们要对学生进行系统规范的礼仪教育，把培养学生独立人格作为教育的根本任务，指导他们根据传统的价值观做出判断，使他们在实际生活中按照礼仪规范来约束自己的行为，把内在的道德品质和外在的礼仪形式有机地统一起来，从而实现自我完善和自我超越。我们要充分利用黑板报和校园广播作为宣传阵地，创设浓厚的氛围，将礼仪教育融入每一日的活动中，渗透于各领域教学之中，同时开展家校同步礼仪教育，将礼仪教育延伸到家庭，探索全方位的育人模式。

　　总之，文明礼仪教育要遵循古为今用的原则，汲取传统礼仪文化中超越时代的精髓，如热爱祖国、尊老爱幼、惩恶扬善、诚实守信、孝亲尊师、廉洁奉公、取用节制、团结友爱，律己宽人、恭敬谦让，它们对我们今天正确处理人际关系和社会关系、构建和谐社会依然有效，应当被纳入社会道德价值体系。另外，现代经济社会的快节奏、高效率，使现代礼仪向简洁、务实方向发展。比如，古代的磕头跪拜风，早已被现代的握手敬礼所替代，中国传统礼仪教育对"尊师重道、师道尊严"的强调，也在一定程度上包含着一些与当今社会强调师生平等、强调师生关系的情感性等教育理念不相适应。所以，礼仪教育的内容要紧随时代的发展，紧扣时代的脉搏，立足于中国文化，放眼人类文明，培育具有自由、平等、民主、尊严、独立和人文关怀等现代意识的中国公民。

　　中国的传统礼仪教育是一种自我超越的形而上思维，与西方所坚持的外在超越之路不同。当代学生的礼仪教育，除了大力宣传普及传统礼文化和礼仪基本知识，营造良好的礼仪环境，让学生潜移默化地接受礼仪和熏陶外，还要把礼仪"物化"出来。也就是说，礼仪教育不是纸上谈兵，不能只是一味地说教，一味地把它们灌输给孩子们，只是成为他们的"知识"，忘了让孩子们通过周围的"物"来领会礼仪的真谛。而这就需要我们开展必要的礼仪、礼节、礼貌的活动，联系现实生活、具体环境，让学生扮演各种角色投入其中，提高学生的学习兴趣，规范学生的言行举止，加深对所学礼仪知识的感性认识，切实提高运用礼仪的能力，让他们在习礼的过程中体会到彬彬有礼带来的由衷的喜悦，这样礼才会在他心中扎下根来。

参考文献：

　　[1] 路琴．礼仪教育的传统意蕴及其现代价值 [J]．闽江学院学报，2009（8）．

　　[2] 彭林．中华礼仪文明概要 [M]．北京：高等教育出版社，2006.

［3］范树成. 多元化视阈中的德育改革与创新［M］. 北京：中国社会科学出版社，2010.

［4］林春. 礼仪文化与大学生礼仪修养［M］. 北京：中国社会科学出版社，2011.

运用校史对学生进行理想信念
教育应注意的若干问题

上海市向东中学　王　剑

理想信念对于每一个人的思想言行有决定性的影响，是一种重要的价值观念。理想信念教育也是中学生德育的一个重要内容，是学生思想道德建设的灵魂。理想信念对于每一个人的思想言行有决定性的影响，是一种最重要的价值观念，是思想政治建设的核心。《中共中央国务院关于深化教育改革全面推进素质教育的决定》指出"要有针对性地开展理想教育"，要求我们在教育工作实践中，切实把握时代要求和中学生身心发展的特点，在理想教育的实践中，探索出行之有效的方法。

向东中学拥有一百多年的光荣校史，涌现了许多可歌可泣的优秀人物，可供学习的先进事迹数不胜数，学校可以充分运用校史中的楷模对学生进行理想信念教育。

首先，因为这些人物是向东中学历史上的历经奋斗终成硕果的模范典型，对学生的学习有积极的导向作用。通过对他们的真实经历介绍，对学生进行正面的理想信念教育，可以逐步引导学生树立科学的世界观、人生观、价值观，不断提高思想觉悟，最终对自我行动产生积极的影响。

其次，这些人物和在校的学生有共同点。他们都是在普通的家庭中成长的孩子，经过系统地在校学习，奔赴祖国不同的岗位，从事着平凡的工作，却在平凡的事业中做出了不平凡的成就。运用校史人物对学生进行理想信念教育，拉近学生与楷模之间的距离，让理想信念教育不再是空洞的说教，而是平凡事实的总结。学生不再以旁观者的眼光来看待理想信念教育，而是进一步了解我国的国情，充分认识社会主义现代化建设的艰巨性和长期性，以参与者的眼光观察、分析现状，促使他们自觉树立理想信念的决心。

再次，百年校史历经各种事态变迁，经过了实践的检验，赢得了时间的认可，是一部值得研究的教育宝藏。实践出真知，实践明事理。只有把树立理想信念和实践紧密联系起来，才能树立社会责任感、使命感，才能把学习科学文化知识与社会主义现代化建设融合在一起，为实现个人理想与社会贡献而努力奋斗。

然而，时代在变迁，社会在发展，教育也在改革。因此，我们在运用校史对学生进行理想信念教育时，还应该注意一些问题。

一、关注时代性特点，寻找校史中与当今时代密切关联的教育素材

向东中学的前身是南洋女子师范学校，成立于 1912 年，时值中国处于国家动荡、国力衰弱的时代，社会各阶层对当时的黑暗统治都恨之入骨，爱国民主人士凌铭之先生捐资兴学，创办了南洋女子师范学校，是上海第一所女子师范学校。解放战争时期，南洋女中的教师和学生在党领导的一系列反内战、反独裁、反迫害、反饥饿等民主运动中紧密团结，战斗在一起，参加了抗议国民党在昆明屠杀学生的"一二·一"惨案、"六二三"反内战大示威、支援申九罢工、"五二〇"大罢课、浙大学生自治会主席于子三追悼会等，成为当时上海学运的一支坚强队伍，在闸北地区教育界影响颇大，享有"民主堡垒"之称。

1966 年，南洋女中改名向东中学，兼收男、女学生。向东中学师生继承了南洋女中光荣的革命传统，在闸北这片土地上绽放了新的光彩。

但不同的时代需要明确不同的理想信念。

新中国成立前，南洋女中师生们的理想信念是建立新中国，迎接上海解放。上海解放后，南洋女中师生们的理想信念是建设新中国，全面支援国家

建设，全校有近百名同学参军、参干、南下、北上，豪迈地踏上了革命的征途。大家把知识带到新疆、黑龙江等边远地区，把汗水洒向祖国各地，在平凡的岗位上取得了令人瞩目的累累硕果。可见，时代赋予理想信念以不同的内容，在进行理想信念教育时应关注时代发展及需求。

而今天，在时代变迁、历史更替的重要关头，上海的发展日新月异，学生的理想信念随时代的要求而不同，在运用校史对学生进行理想信念教育时，更应关注时代带给学生的影响，从而激励学生在新的历史时期树立崇高而真切的理想，只有关注祖国发展、社会变化的人，才能明确个人的理想信念。

21 世纪是一个知识经济时代，21 世纪的时代特点主要是政治多极化、经济全球化、科学技术突飞猛进、知识经济迅猛发展、以高科技和人才竞争为根本内容的国际竞争日益激烈、和平与发展依然是世界的主题。这些时代特征对新世纪的思想道德提出了明确的要求，如今的时代呈现出不同于以往任何时期的特征：速度、转型、危机。

（一）速度（发展）

解放战争时期，上海处在国民党的黑暗统治下，南洋女中逐渐成为学运中的一座民主堡垒。学校建立了学生党支部，成立了学生自治会，寓政治于文娱活动之中，开展了大量地下工作。南洋女中师生历经政治斗争的洗礼，树立坚定的共产主义理想，勇敢地投入民主斗争，在历史的发展中发挥了应有的作用。

如今，我们从工业化时代进入到信息化时代，更深深明白，保持强烈的学习欲望是发展的必然趋势，会学习的人永远不会被淘汰，而不会学习的人往往还未开始就已经被淘汰，个人的理想信念不能脱离于社会的需求，更不能无视发展的轨迹。所以，当今学生应树立远大理想，"中国梦"教育是"当务之急"，又具有"百年大计"的特殊意义。

（二）转型（多变）

南洋女中建立初期处于民国时期，各种思潮泛滥，社会动荡不安，祖国处在水深火热之中。南洋女中师生努力学习新的思想，从当时她们所作的《宣言书》和《爱国歌》中可见，即将奔赴四方报效祖国的才俊们胸存凌云壮志，她们才情横溢，表达了对祖国前途，华夏振兴的真知灼见，力求挽救国家于灾难之中，投身革命于多变之中。

21 世纪，新经济时代将改变过去的一切事物，包括观念和技术。思想和智慧是变化的结晶，与时俱进将不再是一句口号，接受转型，不断提高自我要求将是时代对人才的更高呼唤。没有理想的人将无法适应社会的变化，只有坚定个人的信念才能在多变的世界实现自我价值和社会价值。

（三）危机（竞争）

新中国成立初期，危机四伏，祖国历经抗美援朝、上山下乡、支援边疆建设等多重考验，南洋女中师生们勇敢地选择了到祖国最需要的地方去，毕业生奔赴新疆、东北等贫苦地区，成为各条战线上的出色领军人物。其中有放弃优越家庭生活、投身军事干校为祖国医疗事业做出贡献的闵捷同学，有建设边疆、保卫边疆的朱文雅同学，有在东北奉献 40 年的张求真、柯钦同学，他们都在自己平凡的岗位上或默默奉献，或辛勤耕耘，都取得了令人瞩目的成绩。

危机意味着危险和机会共存，这是适应竞争环境的重要机遇。20 世纪留给人们两大弊端，一是安于现状，不思进取；二是机会太多，无从选择。新的时代带来的竞争将是空前的，只有敢于面对竞争、坚定信念的人才能实现个人理想，把握机会，战胜危机。"中国梦"承载了近现代中国人一直苦苦追寻的梦想，是全体中国人共同的理想信念，是一种强大的精神力量。"中国梦"正是为中学生的成长、成才提供根本动力和精神源泉，它更明确地引导中学生走什么样的人生之路，激励中学生更清楚自己为什么而学。

依据以上时代特点，对学生进行理想信念教育时应注意教育的策略，从而才能达到良好的教育效果。

首先，通过了解校史，明确个人理想。我们可以通过参观校史陈列室、阅读《百年回眸》《光辉的历程》等书籍，了解我校百年发展的历史，把个

216

人理想与我校实际相结合，确立比较清晰的个人理想，并从校史发展的曲折经历中认识到坚定信念完成个人目标的重要性。

其次，以各年级的分层目标建设为指导，构建年级理想信念教育体系，将"三观教育"及基础道德、心理教育等纳入整体框架之中，同时形成相应的评价办法。强调教育立足于课堂教学主阵地，在学生的学习生活中培植创造进取、自信和合作互助精神。将德育拓展课程纳入教学管理中，从而使对青少年理想信念的塑造的教育形成整体合力。

再者，在班会、团员主题教育活动、仪式教育中开展理想信念教育，精心设计活动形式，明确以理想信念教育为活动主要内容，使教育可亲、可近，更有实效。以社会为大课堂，组织学生广泛参与社会实践，引导学生用理性目光去关注社会和人生。帮助青少年树立正确的政治方向和人生价值取向，以积极态度审视人生，认识自我，关心社会，积极承担社会和历史的责任。

二、关注层次性特点，寻找校史中符合学生理想信念层次的内容

理想是分层次的，它包括生活理想、职业理想、道德理想、社会理想。同样，中学生理想形成的过程也是有层次的、渐进的。所以，理想信念教育也应该根据中学生身心发展的阶段性、层次性规律，设计循序渐进的序列化进程。在不同的年龄段，怎样结合校史，把祖国、社会、集体的发展与个人自身的理想相关联？

根据学生不同年龄段的身心特点，可以从基本的生活理想入手，引导学生逐渐认识理想的层次性。

在预备初一年级，可以"生活多美好"为主题开展理想信念主题教育活动，结合学生的身心特点，启发他们树立正确的生活理想。新中国成立前，我校师生们就是为了能够过上美好的生活进行了不屈不挠的斗争，最终迎来新中国成立后的美好生活，这是当时他们的生活理想。那么，现在改革开放后，更美好的生活等待着我们去开创，我们应该树立怎样的生活理想？

初二年级，可以"世界真精彩"为主题开展理想信念主题教育活动，引导学生认识世界变迁，把生活理想渗入社会理想中去。当南洋女中的师生们面对祖国建设急需人才的时候，他们选择了远离故乡，深入各行各业，打造了精彩的世界。而如今的我们又要如何走向精彩纷呈的未来，迎接广阔的世界的挑战呢？

初三年级，可以"我为祖国做贡献"为主题开展教育活动，把对知识的信仰融入理想信念教育中，帮助学生开始树立正确的个人理想。新中国成立后，南洋女中及向东中学的师生们为了建设国家贡献了知识和力量，在许多领域取得了令人瞩目的成就，涌现了一大批人才，堪称当代学生的楷模。所以，可以引导学生思考，从他们身上，我们可以学到什么力量？

高一年级，可以"道德伴我行"为主题开展教育活动，引导学生认识道德理想的重要性，帮助学生明确奔向未来的道路上，道德的作用有多大。校史上那些成功的学者、教授都有其共同的品质，坚忍不拔、勇往直前等，要让学生认识到道德的力量是奔赴理想的重要支柱。

高二年级可以"与未来的我对话"为主题开展主题教育活动，引导学生思考自己的职业理想。让学生从校史中那些感人的事迹各行各业中的佼佼者身上学习不同职业所需的精神品质和专业知识。

高三年级可以"我的中国梦"为主题开展主题教育活动，把个人的理想信念与社会理想相结合，认识个人理想与社会理想的关联，认识祖国发展对个人发展的决定性作用。

三、关注有效性特点，寻找现实与校史相结合的高效教育策略

所谓有效性就是要让理想信念教育的内容与学生的实际需求相符合，考虑学生的接受程度，关注学生成长的时代背景和现实需求，以及学生思想精神层面的变化和诉求。那么就要探讨有效的教育策略。

（一）理论学习

我们可以帮助学生组织党章学习小组或社会主义核心价值观学习研究

会，开展专题讨论，交流学习体会，使理论学习更加深入，使学生通过学习坚定实现社会主义现代化的理想信念。

（二）榜样激励

利用向东中学丰富的校友资源，用"请进来，走出去"的办法，让学生聆听我校校友的报告、事迹，了解校友成长道路上不可或缺的理想信念，这对他们认识树立远大理想和艰苦奋斗的关系可以起到榜样激励的作用。中学生大多具有独特的判断能力，他们对于社会精英的模范行为和英雄事迹，不仅仅是崇拜，还会注意从中归纳出生活的哲理和行动的指南。

正如为祖国原子能科学事业不懈奋斗的53届校友周菊英一样，向东学子不会缺少学习和钻研精神，他们在校期间品学兼优，入职以后虚心好学，年纪略长就着力培养后辈，不遗余力，年届退休仍然不忘为科学事业贡献专长。可见，只有树立远大的理想信念，面对困难依然不屈不挠，才能在人生道路获得源源不断的动力，进而获得启发，创造佳绩。

（三）修养指导

在教师指导下，学生可以通过各种方式提高自我修养。如组织"校史讲解团""读书交流会""艺术欣赏会""影剧评析会""难题辩论会""成才论坛"等活动。精彩纷呈的活动既能丰富学生课余生活，又能提高学生的思想水平。

（四）主题活动

围绕一个主题，让学生自己设计、筹备、组织、开展教育活动，如"主题班会""14岁生日""18岁成人宣誓仪式""法治教育""社会热点""新闻事件的个案评析"等，这样的方法特别能激励学生创造性充分发挥，使他们在自我教育中得到思想的升华。

（五）参观考察

通过参观城市、自贸区、工厂、高科技园区、重大工程建设项目，了解家乡社会主义建设的成就，使中学生更深刻地感受到祖国的伟大、壮美，更强烈地激发他们为社会主义现代化事业奋斗的豪情。

在寒暑假，可组织优秀学生前往革命老区、传统教育基地、传统文化代表城市去参观考察，了解祖国发展的历史和社会主义现代化进程，更加直观地接受理想信念教育。

（六）实践锻炼

组织学生参加校外环境卫生志愿服务、社会公益事业志愿服务，街道养老机构志愿服务，校园卫生志愿服务等实践活动，培养学生奉献社会的意识，锻炼实际工作能力，这在一定程度上能坚定学生的理想信念，增强他们的社会责任感。

同时，培养家长引导学生进行实践锻炼活动，让孩子在家里承担一定的家庭劳动和家庭责任，能够完成基本的家务劳动，协助家庭成员完成家庭义务，树立家庭责任感。

（七）环境感染

校园文化对学生的思想道德发展有着潜移默化、深刻而久远的影响。在学校环境的布置、文化氛围的营建中，注意突出英雄模范人物和中国历代科学、文化名人对理想的执着追求和不懈奋斗的精神风貌，会对学生的理想形成产生潜在的影响。

向东中学的校训"庄敬"，具有丰富的思想内涵，适合在此基础上对学生进行理想信念教育，历代校史中英雄辈出，可利用校友们的事迹营造庄重的文化氛围，布置校园环境，有利于对学生进行环境感染，从而影响学生树立理想信念。

总之，在科技和教育迅猛发展的今天，在这样一个社会信息化不断推进的时代，对学生开展"中国梦"教育是理想信念教育的重要内容。要帮助学生理解"中国梦"，这既是对百年来中华民族复兴历史的高度概括，也是当代中国人对祖国未来的展望。

"中国梦"有两个基本的历史背景。一是从古至今中华民族历史上的兴盛及对世界文明所做出的的贡献。在中华民族五千多年连绵不断历史中所出现的"文景之治""贞观之治""开元盛世"和"康乾盛世"等盛世，值得我们骄傲，古代中国给世界呈现了灿烂的文明。二是近代中国落后挨打，饱受欺辱的历史。从 1840 年鸦片战争后到 1949 年新中国的成立，"中国梦"在这段历史中的体现就是一部抗争史、一部复兴史，这是中国人为了反对内外敌人，争取民族独立、民族复兴和人民自由幸福进行不懈斗争的历史。南洋女中师生怀抱民主自由，没有剥削压迫的"中国梦"，在解放祖国的抗争史上成为重要的"民主堡垒"。只有重温历史，我们才能理解现在生活的来之不易，理解真正实现"中国梦"的艰辛，达到真正的民族复兴。

从现实的视角出发，"中国梦"不同于美国梦，"中国梦"不同于欧洲梦，这些不同地域、不同国度的梦想既存在共同之处，可以互相借鉴，但同时也有价值基础不同的地方。"中国梦"承载着中国价值和中国精神的历史使命感。处于中学阶段的学生，有着对于未来美好的憧憬。"中国梦"的提出，是中国在短时间内追赶和超越强国达到民族复兴的愿望，但"中国梦"必须尊重历史、尊重现实。"中国梦"必须建立在中国国情的基础上，不能照抄照搬国外的经验和模式，只有依据现实，一步一个脚印地去实现。所以作为中学生，在个人成长的道路上，也要逐渐培养起善于取长补短，兼容并包，具有与这个时代相符的视野和胸襟。

综上所述，在中学生思想教育中加强理想教育，具有极其重要的现实和深远的意义。每一个教育工作者都要责无旁贷地切实把握时代特征，遵循学生身心发展和教育规律，积极开展有特色、有实效的理想教育，努力培养和造就具有远大理想的社会主义事业建设者和接班人，这是时代赋予我们的神圣使命和光荣义务。

参考文献：

1. 陈秉公. 思想政治教育学原理［M］. 北京：北京高等教育出版社，2003.

2. 邵莉莉. 切实加强大学生的理想信念教育［M］. 北京：湖北社会科学，2010.

3. 王金华. 二十一世纪时代特点及道德教育走向 [J] . 江西财经大学学报, 2001 (6) .

4. 周天勇. 中国梦与中国道路 [M] . 北京: 社会科学文献出版社, 2011.

先"行"后"知"

——将红色基因融入高中生文化底色的工作思考

上海市行知实验中学　邵　懿

爱国主义是激励和推动青年进步的巨大精神力量。从"红船精神"到"延安精神"，中国共产党一路走来，不断创造奇迹。但随着时代的发展，红色基因也需要与时俱进，不断丰富内涵，成为青年保持向上活力、克服现实困难的"加油器"。我校通过各类德育活动、德育课程、队伍建设和学科德育，让学生知道自己是从哪里来，通过师生的身体力行，引导广大青年把"红色基因"内化于心，外化于行，更好地培养社会主义接班人。

一、将红色基因融入高中生文化底色所面临的挑战

从学生角度来看，目前我校学生均是"00后"，他们的生活经历与红色教育几乎是平行的，学生对红色教育存在陌生感，认同度较低，理解也很片面，认为红军长征等壮举均为历史事件，和自己的生活相距甚远，没有意识到立足岗位的"进博"精神和特别能吃苦、特别能战斗、特别能攻关、特别能奉献的"载人航天精神"，不屈不挠、精诚团结的"龙狮精神"及"爱国、敬业、诚信、友善"都是传承红色基因的体现。

从学校角度来看，传统的说教式的教学方式缺乏趣味性和创新性，使学生觉得"红色基因"不够接地气，较为"高大上"。那么如何有针对性地整合各类资源、创新教学方式，好让学生更容易接受"红色基因"便是我校德

育课程亟须思考的问题。

二、将红色基因融入高中生文化底色所采用的方式

红色基因有着鲜明的时代性，从"长征精神""延安精神""两弹一星精神"到"载人航天精神""爱国、敬业、诚信、友善"等，这些精神都是红色基因在当代社会的延续和发展。如何切实触碰、感知到红色基因呢？红色基因有三大载体：人、事、景。人：开国元勋、雷锋、焦裕禄、陶行知等人都是红色基因的集大成者，而身边的党员教师、同学身上也长有红色基因；事：红军长征、长征四号探测器成功着陆月球背面等重大事件都是红色基因传承的主要载体；景：参观中共一大会址、淞沪抗战纪念馆等纪念场馆也是传承红色基因的重要手段。我们结合人、事、景三种红色基因载体，整合高校、场馆等资源，通过德育活动、德育课程、德育队伍建设、学科德育等形式，初步探索出了一些培育红色基因的方法。

（一）把握时间节点，历史铭记于心

培育红色基因首先要让"爱国""爱校"的种子在学生心中扎根。学校把握好各个红色纪念日的时间节点，通过开展各类德育活动，为同学们打开历史的视野。只有同学们了解到旧社会的苦难，才会更懂得珍惜新时代的生活，"红色基因"的种子从而也逐步在学生心中的生根发芽。

1. 饮水需思源，"知陶"促"学陶"

当年，学成回国的陶行知先生立志献身教育事业，后在中国共产党"八一宣言"的感召下积极投身抗日救亡运动，努力寻找着适合中国国情的民族救亡良策，最终走上了教育救国的道路。

3月，为了更好地缅怀陶行知先生，弘扬爱国主义精神，我校隆重举行清明纪念陶行知先生仪式，并组织高二年级师生赴南京拜谒陶先生墓地，参观南京陶行知纪念馆以及进行爱国主义教育考察活动，让师生感受今天伟大祖国繁荣昌盛来之不易。通过一系列活动，"小陶子"们自己创作了"学陶"诗歌《聆听》《灯塔·启程》《爱满天下》，青年教师和学生

代表也表达了对先生的怀念、敬仰之情，坚定师生努力学习、弘扬行知精神的信念。

10月我校的"小陶子"担当起了辐射行知文化的小使者，带领新入学的六年级学生和高一学生参观了行知育才旧院、"求真创造"创新实验室。一位位"小陶子"秉承着艺友制中的核心精神——即陶行知先生提倡的"教学做合一"，在实践中学习，当起了大哥哥、大姐姐，用通俗易懂的语言讲述了陶行知爷爷的生平事迹。学校的创新实验室更是让小朋友们感受到了陶爷爷所说的："处处是创造之地，天天是创造之时，人人是创造之人。"

2. 调研集信息，自主办活动

开展什么活动、如何开展活动，是德育工作开展前需要解决的问题。我校学生会试行了网络调研的模式，通过"问卷星"征集学生的点子，了解同学们的心声，举办了数个符合学生口味的活动，也营造了一个宽松、良好的校园交流氛围，使同学们在相互交流中，加深彼此之间的了解。学校创建了一个和谐友爱的校园环境，用有意义的活动来引领同学们的学习与生活，逐步增强青年对团组织的归属感和认同感。

在"学雷锋"月学生会设计了"志愿为公，益满行实"的系列活动，同学们展开了对雷锋前辈的追忆，校志愿者们分享了自己在寒假志愿服务的心得体会。最后为系列活动画上句号的是一场"学习雷锋精神应默默无闻还是广而告之"的激烈辩论，锋芒毕露之下，是对雷锋精神的深入理解和感悟。

9月，我校学生会自发在宝山烈士陵园开展了"忆英雄传精神"的主题活动，在活动前学生会通过网络宣传此次活动，学生自主报名，作为学生代表前往烈士陵园参加祭扫活动。活动当天学生们一改往日的轻松，停下嬉闹，心里揣着对烈士的尊敬，为烈士们献上花篮，感谢他们为我们美好的今天而做出的奋斗。

（二）高校场馆送教，共育求实真人

红色基因的传承，需要学校整合各种力量和资源，挖掘红色基因的时代

225

内涵，形成多措并举、合力育人的良好局面，从而增强培育实效。

1. "青年马克思主义理论学习基础班""学生团校"是学校培育红色基因的主阵地

"青马班"和"学生团校"要把坚定学员理想信念作为教学的指导思想。在"青马班"，党员教师要教育学员牢固树立共产主义远大理想。在内容设置上要用简明的话语讲清马克思主义是一个完整的科学体系，其揭示了人类社会发展的必然规律，是我们在改造客观世界和改造主观世界的有力武器，引导学员辩证认识改革中的现实矛盾，坚定走中国特色社会主义道路的信念。在"学生团校"，"青马班"的"小先生"要为学员们讲清中国共产党成为中国革命的领导者，并成为新中国的执政党的历史必然性，突出讲好习总书记关于青年的重要讲话。通过学生的视角和语言，在团校学生中种下红色的种子，引导学员们扣好人生的第一粒扣子。

2. 把资源引进来，让学生走出去

为促进学生深入学习、贯彻党的十九大精神，我校邀请与我校团委结对共建的上海财经大学会计学院团学骨干为行实学子开展"学文本、探实质、做实践"的讲座。

大学生党员结合自身学习十九大的感受，深入浅出地讲解了习近平新时代中国特色社会主义思想及党的十九大确定的目标任务和新部署新要求等，并以"相信'相信'的力量"为主题结合自己的亲身经验，为在座团学骨干和青年学子带来了一场理论盛宴和实践的榜样。同时鼓励大家进一步以坚持"四个自信"即中国特色社会主义道路自信、理论自信、制度自信、文化自信，迎接挑战，实现两个一百年的伟大梦想。

另外，我校还与陈云纪念馆合作共建，纪念馆将"伟大光辉的一生——陈云生平业绩展"送进我校。同时，陈云纪念馆宣教部副主任丛雪娇为我校"小陶子"志愿者进行展览讲解培训。她从讲解内容到站姿站位、从语速语调到讲解手势，都一一做了指导和示范。"小陶子"志愿者们一致认为此次培训非常有意义，表示要在学习和宣传陈云爷爷生平业绩中争做优秀志愿者讲解员，以实际行动体现奉献社会、服务人民的志愿精神。

平时团员学生们也会以参观红色场馆的形式开展主题团日，中共一大会址、中共四大纪念馆、淞沪抗战纪念馆、四行仓库抗战纪念馆、陈云纪念馆、龙华烈士陵园、罗店老街都留下了学生的寻访足迹，同学们参观后会制作一份主题小报，这也成为后期团员们开展参观活动的"行动指南"。

（三）导师榜样领航，坚定信念传承

学校着眼于"真实"，坚持用真人真事来教育学生。学校积极宣传并弘扬优秀党员和团员在思想、工作和学习中，体现出来的不怕困难、坚持不懈的精神，通过聘请知名校友富华先生作为全校师生的人生导师，积极组织开展"最美中学生"的评选，广泛宣传，给广大学生树立身边的榜样，全面展示党团员这个红色团体的风采，从而激发学生接受红色教育的思想认同和主动意识，促进学生群体政治素养的整体提高。

1. 导师前引领

富华先生 21 岁就来到了陶行知先生创办的大场育才学校，在这里受到了陶行知思想的哺育和大场地区人民的养育。富华先生虽然年事已高，但仍定期到学校和师生们谈谈心，嘱咐青年教师要做新时代"四有"好教师 在奉献中成就出彩人生。青年教师也积极响应，开展"四有好教师"主题演讲比赛。教师们结合自身在教学或学生管理过程中的心得体会，从理想信念、道德情操、扎实学识、仁爱之心等几个方面阐述了对"四有"好教师的理解和诠释，用平凡而感人的事例，展现了他们爱岗敬业、乐于奉献、严谨博学的师德风范和人格魅力。

富华老先生还将《习近平的七年知青岁月》一书赠送给"青马班"学员。学员们也谨记他的教导，认真阅读并撰写读后感，不仅跟富华老先生交流分享，还在班级中进行分享，帮助团员们更好的围绕在党的周围，力争带动更多同学一同前行。

2. 同伴做榜样

共青团是党的助手和后备军，承担着为党做好青年群众工作的政治使命，"团建带队建"工作是团员青年领带少先队员的具体方式，我校团员也开展一些有意义的活动落实这项工作。

今年是中国少年先锋队建队 69 周年，我校六年级全体队员集聚一堂，进行了六年级建队仪式暨换戴大号红领巾。本次活动采用了团建带队建的形式，以共青团员的实干精神为少先队员树立榜样作用。活动由高中生团员组织策划，从流程、排练、主持到现场举办都由高中团员带领初中队员一同完成，很好地发挥了大家的主观能动性，初中生也从高中学生身上学习到了如何举办一场活动的方法，以及如何平衡学习和学生工作的经验。

相信在未来，队员们一定会珍爱胸前飘扬的红领巾，用行动来证明自己是一名光荣的少先队员。听党的话，做好少年，努力成长为一名优秀的少先队员。而对于团员青年们来说，这次活动也提高了大家的思想觉悟，明确自己的榜样作用，要为做好社会主义接班人做好准备。

（四）立足学科德育，体悟传统文化

龙狮运动是中华民族文化的瑰宝，是民族传统体育中最具文化内涵的项目之一，是中华民族宝贵的文化遗产。当前，在弘扬中华民族优秀文化的时代背景下，把传统文化教育渗透到对学生的培养过程中，吸引学生热爱和关注传统文化，形成文化自信，是学校的时代命题。

五年来，我校以龙狮特色项目为抓手，把"龙狮文化"的内涵植入学校活动和体育教学的方方面面，从龙狮项目纳入课程、优化课程内容、坚持普及与提高相结合、渗透文化等多方面进行实践探索。学校充分挖掘可开发可利用的优秀龙狮文化资源，在师生的认知结构和情意结构中逐步形成以内化和体现"龙狮精神"及"真人教育"为核心的价值观，形成丰富的"龙狮"校园文化特色，全面提高学生身体素质，促进学生情感、认知等方面的协调发展。

此外，学校还邀请青年教师结合主题活动，开展微型讲座，学生们可以根据自己的兴趣自主报名参加。如中秋节开设了"月球的神秘力量"微讲座，进一步了解中秋节的前世今生。在长征胜利纪念日开设了"漫漫长征路"的微讲座,从地理角度分析、体会红军长征翻雪山、过草地的不易。

传承红色基因是一项系统性、长期性的工程,不可能一蹴而就,而且需要多方协作才能起到润物无声的良好效果,进而增强学生的历史使命感,在未来自觉扛起实现中华民族伟大复兴的大旗。

新时期中小学生理想信念培育的思考和实践

西南位育中学　金　琪　向燕妮

学生的理想信念教育具有鲜明的个体价值和社会价值，打造高质量的理想信念教育是学校教育变革的重要任务，也是时代发展赋予学校的神圣使命。当下的学校理想信念教育必须以党的十九大精神和习近平总书记关于青年学生成长成才的一系列重要论述为引领，针对系统性和整合性不够、阶段性和针对性不够两大核心问题努力实现体制机制和理念方式的创新。通过"党团队"一体化的学生理想信念教育机制建构和区域教育资源的有效整合与利用，可以建构一种新型的学生理想信念教育模式，真正实现理想信念教育有效性的提升。

理想信念是人们对美好未来的预期和坚定不移的追求，是人的精神之"钙"。在我国经济社会发展进入新常态、新时代的重要历史时期，理想信念的培育及其引领被赋予了越来越鲜明的时代意义、政治意义和教育意义。学校是理想信念教育的关键场域，如何针对现实问题，通过体制机制和理念方法的创新提升理想信念教育的有效性，是每一所学校都应该认真思考的问题。不管是小学，还是中等教育和高等教育，都必须要在思想品德教育上下功夫，有了良好的思想品德，才能树立远大的理想信念。近年来，通过学区化办学的有效实践和探索，通过教育资源的有效整合利用和教育机制的持续创新，许多学校形成了一条基于区域资源整合的党团队一体化学生理想信念教育模式，实现了学生理想信念教育的理念与方式的创新和有效性的提升。

一、重识学生理想信念教育的当代价值

之所以要强调学生理想信念教育，其根本的原因就在于这种独特教育形式在当代社会依然存在的重要价值。

（一）学生理想信念教育的个体价值

对青少年学生进行理想信念教育，首先应该聚焦和发扬其个体价值。理想信念是一个人的精神支柱和动力源泉，在青少年学生的成长成才过程中，理想信念起着重要的导向、激励和支撑作用，具体体现在三个方面：其一，坚定的理想信念能够为青少年的发展提供内在的精神动力，理想信念一经形成，会产生强大的精神动力，推动和引导人们的行为实践；其二，坚定的理想信念有助于青少年筑牢自己的精神家园，避免在文化的冲击和价值观的冲突中导致精神世界的沉沦；其三，坚定的理想信念有助于青少年个体理想的实现，通过理想信念教育，能够引导青少年自觉将个人理想融入社会理想，并在为社会发展的奋斗中成就个人价值。

（二）学生理想信念教育的社会价值

在经济全球化的时代背景下，国家地区之间的交流合作越来越成为一种常态，但是国际和区域竞争依然存在，这种竞争不仅体现在经济、政治领域，也体现在文化和意识形态领域。这样的一种时代背景赋予了青少年理想信念教育鲜明的社会价值：其一，加强学生理想信念教育有助于坚定中国道路，通过理想信念教育，能够增强青年对中国特色社会主义的道路认同、道路自觉和道路自信；其二，加强学生理想信念教育有助于弘扬中国精神，中国精神本质上是以爱国主义为核心的民族精神和以改革创新为核心的时代精神，把青年理想信念教育渗透其中，有助于凝聚人心、鼓舞士气；其三，加强学生理想信念教育有助于凝聚中国力量，通过理想信念教育能够强化青少年的责任意识、服务意识、大局意识，激发他们的社会服务意识，凝聚祖国未来建设的强大力量。

二、聚焦学生理想信念教育的关键问题

多年来的实践表明，理想信念教育的有效性与否关键在于我们所采取的教育方式是否能够满足学生的真实需要，是否能够聚焦学生理想信念教育存在的关键问题。多年来，我校就学生理想信念教育进行了持续性的探索，并取得了一些成绩。比如，注重学校内外优秀文化的启迪，夯实学生理想信念教育的根基；通过项目和活动的驱动，丰富学生理想信念教育的形式等。但是在中国经济社会发展进入新时代，基础教育改革进入深水期的当下，学生的理想信念教育是否存在一些新的突出问题，这是实现理想信念教育创新必须关注的问题。

带着这样的疑问，我们在区域中十所小学的全体学生和德育教师中进行了一次具有针对性的问卷调查。通过问卷调查我们认识到目前总体上看，随着德育内容和方式的不断优化，学生理想信念教育已经取得了不错的实践成效，但是依然存在两个方面的关键问题。

（一）理想信念教育的系统性和整合性不够

笔者学校所在的田林地区共有十所中小学，区域有着丰富的德育教育资源，但是目前看，区域十所学校开展理想信念教育的时候更多的是"单兵作战"，且每个学校采取的理念和方式不尽相同，这一方面导致了区域学校理想信念教育整体质量的不平衡现象，另一方面也没有很好地整合和有效利用区域资源，进而导致理想信念教育在内容和形式的丰富上面临资源的制约和限制。由此，着眼于学区学生理想信念教育的优化，应该注重区域层面的资源整合，建构区域联动合作的有效机制。

（二）理想信念教育的阶段性和针对性不够

尽管不同学段都有学生理想信念教育的共同任务，但是，因为学生成长的阶段特征非常明显，不同学段的理想信念教育在内容、方式和具体目标的设计上应该有所不同。但是根据本次问卷调查，学生普遍没有感受到针对不同学段学生的理想信念教育的针对性设计，导致教育内容和方式在不同学段

上有很大的雷同性，这就没有很好地满足不同年龄段学生理想信念教育的现实需要，导致教育的针对性和有效性不强。由此，必须结合不同学段学生的身心发展特点，将理想信念教育与学生的成长阶段性有机结合，通过教育机制和载体的创新打造适应学生成长需要的理想信念教育新方式。

三、实现学生理想信念教育的路径创新

学生理想信念教育的创新，既是时代发展的必然要求，也是学生成长成才的必然选择。近年来，西南位育中学联合片区其他学校，通过"党团队"一体化的理想信念教育机制建构和"校内校外教育资源有机整合"的理想信念教育方式创新，打造了具有区域特色的学生理想信念教育操作体系。

（一）打造"党团队"一体化的理想信念教育机制

学生的成长具有阶段性特征，对于学生的理想信念教育在每一个阶段应该有不同的着力点。学校依托少先队、共青团和青年党校，构筑了从小学到高中一体化的学生理想信念教育机制，努力通过教育让学子依次迈上队、团、党三个成长台阶，呈现出优秀青少年的成长足迹，强化青少年的理想信念。

对于小学阶段的学生，主要强化基本的爱国家、爱上海、爱学校的意识，通过少先队组织的引领，保持和激发学生朴素的家国情怀，帮助他们认识到理想信念的重要意义。对于中学阶段的学生，主要做好团、队的联动和衔接，通过举办少年团校、团员发展大会等，引导中学生进一步强化理想信念，树立为国家、为民族、为自己的未来努力学习、积极进取的精神。对于高中阶段的学生，着力实现"团校"到"青年党校"的提升，结合党的最新精神和理念，汇聚党支部、年级组、班主任和校团委的合力，通过三年循序渐进的教育和课堂教学与实践活动的双向互动，抓实爱党爱国教育这个核心环节。同时，依托青年党校，通过宣传优秀共产党员事迹、家长党员进课堂、微型党课大赛等方式，进一步向青年学子传递党的知识，扩大党组织的影响力和感召力。

通过"党团队"一体化学生理想信念教育机制的建构，学校形成了从小学到高中的阶段性、层次性、主题性鲜明的完整链条，有效解决了传统学生理想信念教育阶段性不突出、内容重合的缺点，增强了理想信念教育的针对性和有效性。

（二）实现"区域资源有效整合"的理想信念教育方式

理想信念教育是否有效，是否能深入学生的内心世界，教育的方式和内容是否具有丰富性、灵活性和选择性，都非常重要。而要实现理想信念教育的上述属性，必须要有完善的教育资源作为保障。近年来，在徐汇区德育教育的整体规划发展下，由西南位育中学牵头，整合田林地区的其他学生，以"德润田林"项目为抓手，依托区域优质的传统文化资源，通过区域协同联动机制的创新，打造了基于区域资源整合的有效理想信念教育路径。

1. 确立协同合作目标

通过智慧共享、特色并呈、协同发展、互相借鉴、研训联动、资源共享等，形成区域学生德育教育的整体效应和区域性特色，促使学区内各级各类学校形成学生理想信念教育的横向借鉴联动、策略共振、纵向分层巩固、递进对接的协同创新实施机制，从实践上为学生理想信念教育的实施形成实践样本，为立德树人工作的改革创新贡献力量。

2. 梳理协同合作内容

在上述协同目标下，学区内各学校围绕学生理想信念教育这一主题，依托传统文化，在几个方面实现学区协同，即学区学生道德教育目标的系统化顶层设计、学区学生理想信念教育资源的统筹化联合共享、学区学生理想信念教育课程的精品化合作开发、学区理想信念教育师资的专题化共同研修、学区学生理想信念教育评价的一体化衔接贯穿。推进习近平新时代中国特色社会主义思想进教材、进课堂、进头脑，并转化为学区学生的自觉行动。

结合中国特色社会主义进入新时期的国情，学区各中小学在原有的少年队校、初中团校和青年党校的基础上，建立"中国特色社会主义理论学习链"，同时引入高校、社区的资源，利用组织优势，强化组织观念，建立党团队一体化的理想信念培育的有效方略。

习近平总书记指出："青年一代有理想、有本领、有担当，国家就有前途，民族就有希望。"作为学校，要牢记使命，通过体制机制和理念方法的持续性创新，抓好理想信念教育，为学子奏响生命成长的主旋律，只有如此才能更好地承担起时代发展赋予的教育责任，才能实现学校教育变革的多重价值。

信念恒久远，价值长流传

——基于高中生现实困惑的理想信念教育

中国中学　蒋凌雪

《中小学德育指南》在内容上明确指出，在中小学中开展理想信念教育，从而"增强中国特色社会主义道路自信、理论自信、制度自信、文化自信"。高中学生处于人生思想形成的重要时期，自身经历、家庭教育、社会因素等方面都对学生世界观、人生观和价值观有着重要的影响，教育者能否给予学生引领、给予学生所需要的"养料"，是我们必须面对的课题。

理想，是人奋斗的目标和前进的动力。正如个体有自己想要过的生活，国家有复兴强大的中华梦，理想让我们对未来充满期待。信念和理想一样，也是人类特有的精神现象，是认知、情感和意志的统一体，是人们在一定的认知基础上确定的，对某种事物和思想坚定不移并身体力行的心理态度和精神状态。二者互为影响，融为一体。对于高中生而言，个体的理想信念很容易在个人成长经历中获得并形成。但作为国家未来的公民，更是未来实现中国梦的践行者，高中生需要从个体价值的实现提升而至社会价值的奉献，并为中国特色社会主义的道路自信、理论自信、制度自信、文化自信而不懈拼搏。由此，红色文化教育系列进入我的视野，也为我的理想信念教育找到很好的素材和养料。

一、教育活动之缘起

每到开学季，按照惯例，我会利用语文学科的教学便利，完成基于了解学生需求的两篇学生习作，一篇是《我说我》，一篇是《我的理想》。如果说，第一篇中学生的文字让我由衷感慨学生个性独特之美，那么第二篇则着实令我"惊异"和"汗颜"，因为近三分之二的学生开篇是"理想，这么老土的字眼"，另外，更多人写着接近一致的想法："生活，没必要想那么远，有车有房有钞票就好""生活就是让自己开心"……这些文字着实让我发现了"00后"对自我的看重，当然，从个体人的发展上来说，这也是进步。但，这样的文字蕴含的深意却令我感到隐忧。

后来，随着时间流逝，我的隐忧逐渐增多。"社会主义核心价值观教育"活动使得他们不停抱怨。时间很紧，还要这些形式的东西""我做好自己，社会、国家好像离我很远"……诸如此类的话语时而出现。这样的时候，我开设班会、带他们聆听讲座，总是觉得隔靴搔痒，未有明显成效。

中国共产党建党庆祝活动开始，学校围绕"建党"主题进行班级活动的开展。这一活动有如导火索，触发了学生"叛逆"的机关。活动设计流于形式，参与人员寥寥数几。面对学生眼中的疏离、冷淡，甚至是厌烦，我知道，对于学生理想信念的教育势在必行了。

二、学生现状之分析

我们常说要"对症下药"，那么，对于学生不愿参与教育活动原因究竟是什么，这是教师必需破解的问题，否则教育行为不仅无效，还会带来相反的效果——使得学生对教育内容质疑甚至无理由的排斥。为此，我进行了一些问卷调查，并加以探究。

首先，学生自我意识独立与教育一致行为的冲突。高中学生，自我意识逐渐独立。面对老师布置的任务从默认到反对，是这个年纪学生特有的反应。他们用个性独特和张扬表达自我的与众不同，用质疑和批判表现自我的成长独立。他们关心时事且接收信息迅速，"虽在教室之内，却洞晓天下大事"，喜欢有一己之见，不喜欢教师的统一安排、强制灌输。教育行为，尤其是红色文化的理想信念教育惯有的主题明确、内容突出等特点让学生产生被强制的感觉。也就是说，学生在近乎一致的形式、内容的教育下，很难产生思想的萌动甚或情感的共鸣。

其次，学生个体价值实现与社会价值奉献的割裂。高中学生，已然知道为了自己的未来生活而奋斗，更知道奋斗体现着个体价值的实现过程。但囿于家庭背景、社会影响等因素，学生往往以为个体价值的实现纯粹为了自己，而这就是"小我"的体现，更有甚至秉持极端狭隘自私的认识把个人的奋斗集中于物欲的满足，才有了"车子、房子和票子"的追求目标。物质的追求固然没错，但"幸福是什么"这个命题却不是物质金钱可以回答的。于此，学生哪里还能想到个体于社会之意义呢?! 个体之余社会，犹如水滴之于大海，不仅不会消失，还能找到永不枯竭的原动力。而我们常有的理想信念活动却常常没有让学生把这两种价值对接，使得生活在家与学校"两点一线"的学生不由自主地割裂了两种价值的联系。

再次，学生丰富的精神需求与活动单一的设计实施的矛盾。学生确立理想并不难，难在学生产生实现理想的行为，更难在遇到困难拥有坚持下去的意志和信念。青春期的学生，情绪易变、思想敏锐，他们对教育活动的接受千差万别，同时他们也有了独立判断和思考的能力，不再简单地对信息进行接收和默认，而是有辨别、质疑和批判。他们也在这一辨析甚至否定的过程里，提升自己原有的认知水平。因此，教育者一味以完成教育活动为目标，只从学生认知上进行教育效果的实现，恐怕是难以为继的。红色文化的理想信念教育有其独特性，但如果不关注学生特点，设计相对认知水平较低或是没有思想价值的深度开掘的活动，必将迎来学生"疏离、冷淡甚至厌烦的眼神"。另外，基于学生心灵、精神的需要，让红色文化根植学生现实，必将使得隐含于二者中的"信念"有了对接和统一。

三、教育活动之实施

作为一名坚持以学生生命成长为根本的教育者，以及常年坚持活动育人的班主任，我坚信学生是可以得到教育和引导的，只是我们是否为之找到适切适度的方式。在对学生有了更多了解的基础上，也随着高中生对未来人生规划的不断重视，我开始实施基于学生现实困惑的理想信念的主题教育活动。

（一）主题教育活动之核心理念

主题教育活动是以学生真正的精神成长为核心理念，因此，这一活动的展开也以学生为重要的设计者和实施者。明确这一要旨，学生的积极性和创造性得到最大程度发挥。通过班级公共话语平台的意见问询、活动方案征集以及实施过程、监督过程的确立，形成了班级"红色文化"的系列活动方案。

（二）主题教育活动之实施过程

1. 寻访老党员，发出"信仰是什么"之问

学生在开展活动之初，就关于"红色文化"进行了问题征集，更多聚焦于"为什么要学习？""学习的意义是什么？"这样的问题，这是我们开展一项活动的前提，也是学生能真正把活动与自我需求进行联系的体现。为了更好地解答他们的困惑，首先进行的是"寻访老党员活动"，目的是让学生在那些参与过中国革命的老党员、革命前辈的身上感受"共产党人"的魅力。学生在发动了众多资源的情况下，分组走访了参与过不同战争时期的老革命家，拍照片、录视频，并制作作品进行展示。

他们以"为什么"为标题，进行了活动汇报。"为什么参与革命？""为什么敢用身体堵枪眼？""为什么提起革命还是慷慨激昂？"……最终学生汇集于一点，即革命党人的理想是为了人民的幸福生活，这是他们的信仰。那么，什么是信仰？为什么它可以让人们甘心付出生命来坚持呢？我们有自己的信仰吗？又是什么？学生用一个又一个问题进一步挖掘着"中国共产党"

这一称呼的意义，并对自身生活产生思考。一个学生的话语或许可以说明这个"走访"的深层价值：

面对白发苍苍的老人，甚至听不清楚他全部的表达，但看到他眼中那热切的光、那因激动而颤抖的嘴唇，我突然知道一个人的生命和国家的命运联系在一起，是多么令人骄傲的事情。他的骄傲真的感染了我，也刺激了我。

2. 演绎"经典剧"，感受"生命是什么"之义

身边的共产党人给予学生的影响是重大的，一个学生因为一个老党员的话——我没啥了不起，那些身死战场的人才是英雄！我们只是侥幸活下来，但我们肩负他们的人生，所以还是要多做事啊——而感喟不已。由此开启了"你敬佩的革命烈士"经典剧表演活动。

赵一曼、杨振宇、刘胡兰等革命烈士逐渐成为学生间日常交流的话题，他们由此进行了《刘胡兰》的情景剧，一路展演，最终获得了上海市红色经典故事三等奖。唐韵文同学扮演刘胡兰这个角色，极具神韵，她因此写下这样的话：

开始只是出于想做一个演员的心理，后来深入了解刘胡兰的事迹后，我才发觉自己争取到这个角色是多么幸运。她是党员女烈士中年龄最小的，却不贪财求荣，不惧生死，就如小品中演绎的"给我一个金人也不自白"，在刑场上大喊"怕死不当共产党员"。面对这个凛然无畏、至刚直强的女性，我怎么可能不投入？我心里只有敬佩和仰慕。我感觉她的品格和精神随着角色浸入我的血液我的思想，我能感受到她在刑场上的无畏！她的心中只有她信奉的党，因为她相信中国共产党带给人民群众的变化。所以，她可以英勇赴死。其实，我也想到自己，我比刘胡兰年龄要大，比她接受的教育要多，但我在受到同样的利诱威逼时会和她一样吗？还是会惊慌逃跑甚至招供呢？刘胡兰的心是单纯的，单纯地想做一个为人民服务的人，而今天的我们，做任何事情总要想"有什么好处"，相较而言，我们不仅心生惭愧，更要反思并学习她的精神，那是一种铁肩道义的精神，进而延展到我们的生活，为我们的人生增添一些厚重感。

学生不仅演出剧目，更用独有的创作来表现他们对革命烈士的理解。肖梓豪同学根据赵一曼烈士留给孩子的一封信，以她儿子的身份创作了一封回复妈妈的信，并用时空对话的方式进行了情景剧《母子对话》的演绎。学生深情的演绎，是他们对革命者的纪念，更是对革命精神的传承。他们用自己的理解和思考让革命烈士的生命意义得到拓展，也激发了他们对自我生命意义的思考和叩问。

3. 阅读革命史，思考"历史是什么"之意

革命历史人物书写了不朽的历史画卷，但个体人物如何能确立信仰并为之无悔付出呢？中国共产党如何能使得共产党人舍生赴死？经过学生对历史英雄的演绎，同学们已经知道在哪里寻找答案。"读党史，感党恩"是学生自己确立的题目，不仅阅读党的历史，还进行了相关党史资料的阅读和创作。同时，为了体现学习阅读的效果，他们还进行了阅读竞赛，参与了上级部门的写作比赛。其中，肖梓豪同学一路过关斩将，凭借《红旗飘几代》获得全国级奖项，并代表徐汇区参与井冈山社会实践活动。作品中有段话体现了新时代中学生的思想：

我曾经说过，我们这一代人中，"愤青"的不寡，听到一点政策上的风声就横打鼻梁地指桑骂槐，乃至唱唱反调的更多。那么党在生活中，特别是对于我们这些中学生，更现实的作用可能是教会我们如何冷静而客观地去判断一些事物。当犯了"愤青"毛病的时候，也像方才那样回首一遍党的心路历程，浮躁的心可能可以更容易沉静下来。

如今我们所处的环境其实是一个非常浮躁的所在，周遭的事物，都并不朝着有所积淀的一个方向发展。这就造成人们，特别是处在思想活跃期的学生群体，在处事上形成了一种山涧般病态的习惯：看似清澈畅快，其实一冲到底，在自己"眼中了了，心下无多"的同时，还造成了大量的水土流失。其结果，很可能是造就一个死水般粘腻的社会。那么对于党的纪念和学习，应该可以起到一种缓解作用。

以史为鉴，这是历史之功用。只把历史当成缅怀之物，既不能解决学生

的困惑，还让前人的血白流。这也是"红色文化"的意义所在。

4. 写心灵日志，明晓"生活是什么"之理

学生受到心灵震撼的同时，更是对自我生活有了深度的思考。他们用笔记录活动的感受，更用笔表达自我思想的变化，他们对生活的迷茫，学业压力带来的无助，甚至是找不到学习动力的苦恼，时常感觉生活没意义的消极心理等都成为他们书写的内容，成为大家讨论的焦点。由此，学生利用午自修时间开启小论坛、小讲坛，进行很多观点思想的碰撞。他们命名自己写的文字是心灵日志，让心灵困惑的探讨超越苍白的"心灵鸡汤"，成为大家彼此共享的精神食粮。可以说，这个过程是前面活动的提升，学生由此对自己的生活有了思考，更有了规划，也是由此，顺利度过了高二年级这个最易产生困惑迷茫的时期。正是他们，让我知道，原来，学生的蜕变可以在一瞬间，只是要先经过漫长的努力。

三、主题教育活动之意义

主题教育活动立足学生成长变化，没有这一理念，终究是教育者一场"独角戏"。因此，以学生为主体的"红色文化"主题教育活动的意义彰显了教育行为的初衷的。

首先，学生主动性、创造性得以发展。高中学生在繁重的学业压力下，对活动的"爱恨交织"之感受要求教育者必须以学生需求为本。整个活动在学生的设计、策划之下，让学生倾注情感、奉献智慧、付出力量，这才是活动育人的宗旨。

其次，学生的能力获得提升、品质得以养育。主题活动基于学生需求，学生由此进行基于内在动力的能力展示、验证和提高，也让学生形成基于良好关系建立的人际交往能力；学生在活动中对爱国、自由等核心价值观念也有深层认识，并在情感、思想层面获得养育，进而养育自己恒定的优秀品质。

再次，学生的理想信念得以确立和升华。学生对于个体发展和社会进步

的关系认知是通过社会性角色发展来完成的，学校是其发展通道。为此，主题活动借助一定的载体使得学生对自我生命的价值、自我与社会、国家的联系都有了认知提升和境界升华，由此，学生不仅获得自我价值实现的无限力量，还根植了为他人、国家、社会而奋斗的情怀。

最后，学生对集体的归属感促进了班级文化的形成。班级，作为学生生活的场域，给予学生成长的空间和平台，学生个体价值融铸成班级价值，使得班级成为人人喜欢的精神家园，这才是班主任——主题教育活动的实践者的追求所在。

罗曼·罗兰说，真正的英雄就是看透生活的真相，并依然热爱它。这是学生参与演绎赵一曼故事后送给班级同学的话，于此作结。